あ	い	う	え	お
1 − − − − −	1 − 2 − − −	1 4 − − − −	1 4 2 − − −	− 4 2 − − −

行	点
は行	− − − − 3 6
ま行	− − − 5 3 6
や行	− − − − − −
ら行	− − − 5 − −

は ● − − − ○ ○	ひ ● − ● − ○ ○	ふ ● ● − − ○ ○	へ ● ● ● − ○ ○	ほ − ● ● − ○ ○
ま ● − − ○ ○ ○	み ● − ● ○ ○ ○	む ● ● − ○ ○ ○	め ● ● ● ○ ○ ○	も − ● ● ○ ○ ○
や − ● − − ● −		ゆ − ● − − ● ●		よ − ● − ● ● −
ら ● − − ○ − −	り ● − ● ○ − −	る ● ● − ○ − −	れ ● ● ● ○ − −	ろ − ● ● ○ − −
わ − − − − ● −	を − − − ● ● −	ん − − − ● ● ●		

ルイ・ブライユと
点字をつくった人びと

高橋昌巳 / 監修
(社会福祉法人　桜雲会理事長)
こどもくらぶ / 編

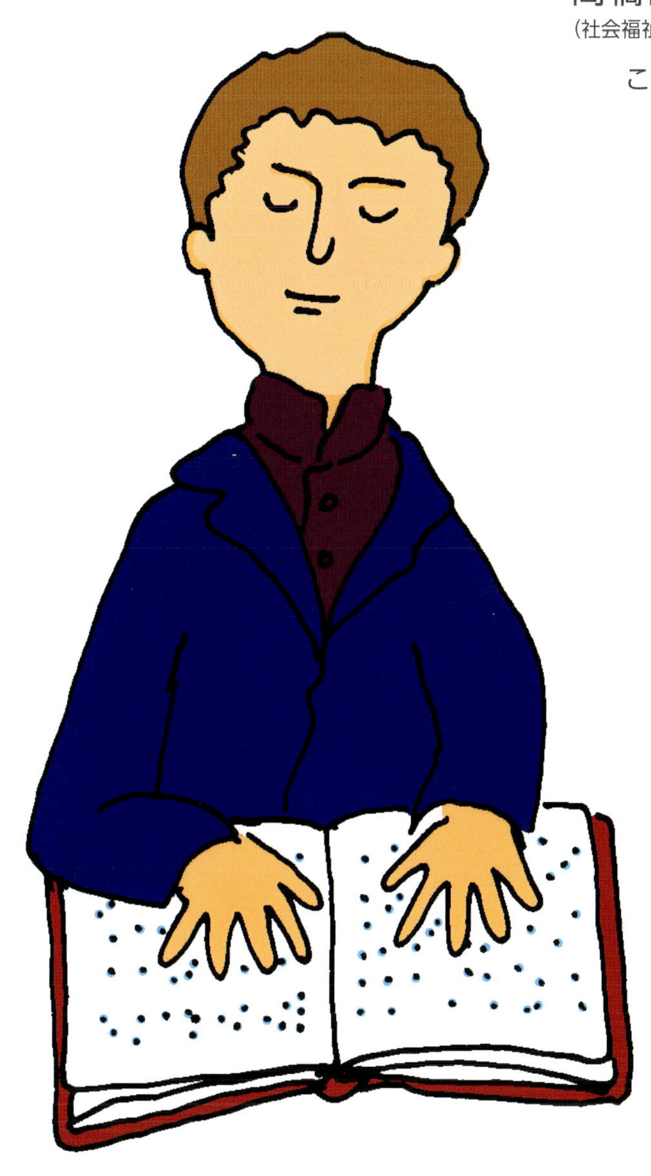

岩崎書店

はじめに

点字は、指で読む文字です。目の見える人が文字を目で見て読むように、目の不自由な人は、点字を指でさわって読みます。目の不自由な人にとっては指が目の役割をし、点をさわりながら指先をうごかして読んでいきます。

点字は、たて3点、横2列にならんだ6つの点を組みあわせるだけで、文字や数字、記号や音符をあらわすことができます。ルイ・ブライユという、パリの盲学校の生徒が、15歳のときに、この6点点字を考えだしました。1824年のことです。

点で文字をあらわすということを考えたのは、じつはブライユが最初ではありません。そのヒントは、暗やみでも手でさわって読める暗号用文字にあったのです。どうして暗号用文字が点字になったのか？　くわしくは、本文で紹介していきます。

ところで、点字が誕生する前までは、目の見えない人は、文字をそのままうきあがらせる「凸文字」を指でさわって読まなければなりませんでした。凸文字は読むのにとても時間がかかり、しかもかんたんに書くことができませんでした。ブライユが考案した点字は、それまでのものにくらべてかんたんに読み書きすることができたので、世界に広がり、いまでは世界じゅうでつかわれるようになりました。

●まちで見られる点字いろいろ

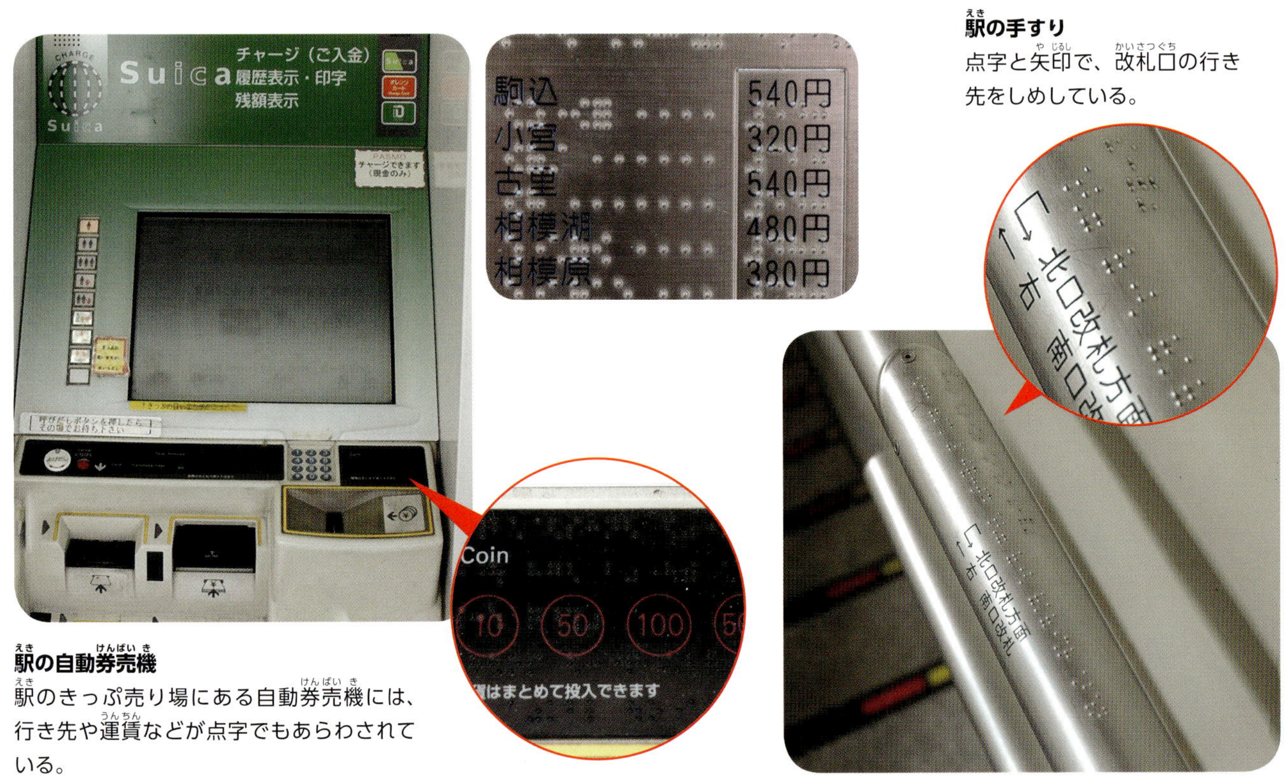

駅の手すり
点字と矢印で、改札口の行き先をしめしている。

駅の自動券売機
駅のきっぷ売り場にある自動券売機には、行き先や運賃などが点字でもあらわされている。

日本では、盲学校の先生をしていた石川倉次が、なかまの先生や生徒の協力を得て、点字のアルファベットをかな文字の「あいうえお」におきかえて、日本の点字をつくりました。1890年のことです。

ブライユが点字をつくりたいと思ったきっかけは、目が見えなくても「本を読みたい、文字を書きたい」という思いでした。石川倉次は、教育者として、目の不自由な子どもたちにもおぼえやすい点字をつくりたいと、研究をつづけました。ふたりのその強い願いがさまざまなくふうを生みだして、だれもが読みやすい点字をつくりだしました。

この本では、ルイ・ブライユとはどういう人なのか、いつ点字を考案したのか、どうやって点字が広がっていったのかなどについて、紹介していきます。また、日本の点字はブライユの点字とどう関係しているのか、日本では点字がどうやって広がっていったのかなどについても見ていきます。

この本で知った人たちや、ことがらから、点字についてさらに興味をもってもらえたら、こんなにうれしいことはありません。

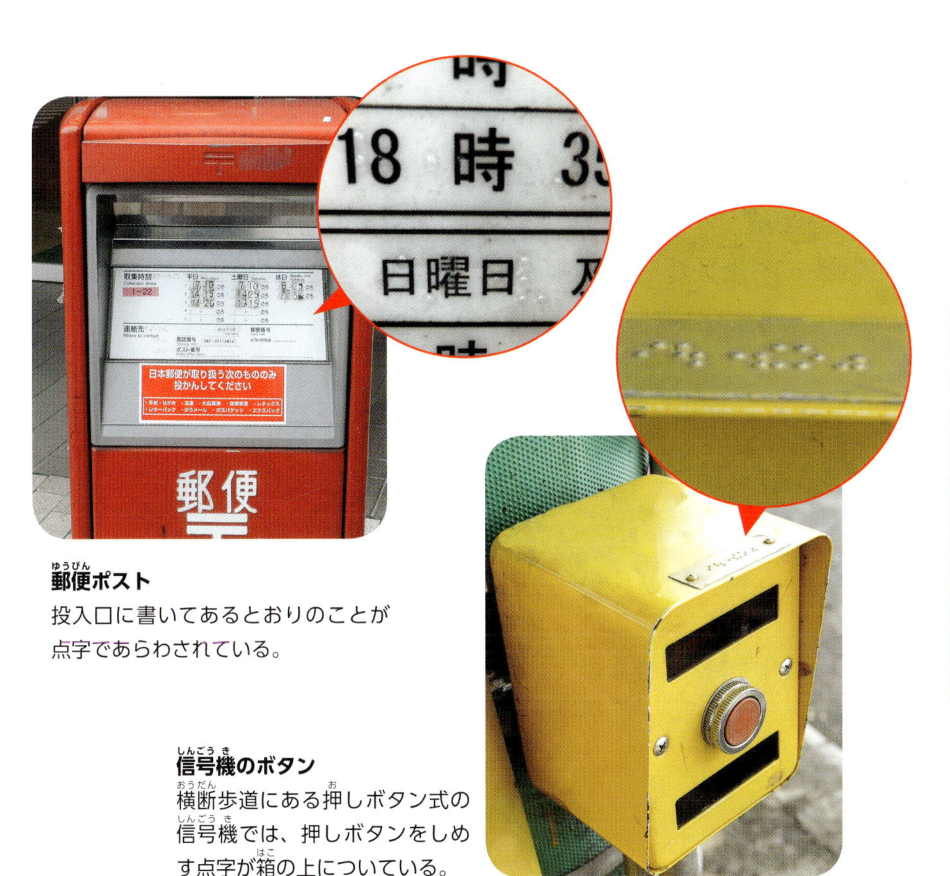

郵便ポスト
投入口に書いてあるとおりのことが点字であらわされている。

信号機のボタン
横断歩道にある押しボタン式の信号機では、押しボタンをしめす点字が箱の上についている。

公衆電話
お金やテレホンカードの投入口や取出口が点字であらわされている。

もくじ

この本のつかい方

この本は、伝記のページ、解説のページ、さらに知りたくなる情報ページの３つにわけて、ルイ・ブライユと点字をつくった人たちについて紹介しています。

伝記 偉業をなしとげたルイ・ブライユ
目の見えない男の子
8
9

伝記のページ

ルイ・ブライユと石川倉次をとりあげて、ふたりのおいたちや、点字をつくったきっかけ、完成までの道のりなどについて、絵本形式で紹介しています。

まめちしき

まめちしきでは、本文に関連するちょっとした情報や話題を取りあげている。

解説のページ

点字をつくった人や、点字を広めた人など、点字にかかわる人たちと、その活動について、いろいろな角度から紹介しています。

このページで解説されることが大まかにまとめられている。

生まれた年と亡くなった年を表示。

写真とあわせて読むことで、さらによくわかる。

写真には、さらにくわしい情報を加えて、わかりやすく解説。

さらに知りたくなる情報ページ

点字に関連して、解説ページにくわえて、さらに知っておいたら興味が広がる情報を紹介しています。

1章 点字のはじまり

点字は、世界のいろいろな国や地域でつかわれています。第1章では、点字がどのようにしてつくられ、どうやって広まっていったのかを見ていきます。そもそも点字はフランス生まれ。6つの点の組みあわせで、文字や記号などをあらわします。まずは点字の基本をおさえておきましょう。

点字のアイデアは暗号

点字はフランスの軍人シャルル・バルビエが、暗いところでも仲間に情報を伝えるために考案した暗号がもとになっています。

その暗号は軍隊では採用されませんでしたが、印刷された文字を読むことができない目の不自由な人に役立つのではないかとバルビエが盲学校にもっていきました。それを盲学校の生徒だったルイ・ブライユが改良して、6点で構成される6点点字が生まれました。1854年にフランスで正式にみとめられ、いまでは世界じゅうでつかわれています。

指先で点字を読んでいるところ
でっぱっている点に指先でふれて、左から右へ、横に読んでいく。

ルイ・ブライユの点字表 アルファベットと記号が書かれた点字の一覧表。（筑波大学附属学校教育局蔵）

点の位置、点の大きさは？

どの国の点字も、たて3点、横2列であらわします。6つの点にはそれぞれの場所をあらわす番号がついています。左上から❶、❷、❸の点、右上から❹、❺、❻の点です。

点字は定規と点ぴつ（→52ページ）をつかい、紙のうらがわから点をおしだして、表がわにでっぱった点を読みます。そのため点字を書くことを、点字を打つといいます。おしだされたでっぱっているほうを凸面、うらがわのへこんでいるほうを凹面といいます。

点字を読むときは、凸面を指でさわりながら読みます。ですから、うらがわで右に打った点は、表がわでは左にでっぱります。そのため、書くときの点字（右の図）というのは、読むときの点字（左の図）をちょうどうらがえしにしたかたちになっています。

点字は読みやすいように、いちどに6つの点が指先に入る大きさです。点の大きさ、点のあいだ、マスのあいだ、行のあいだがそれぞれ決まっています。日本の場合は、下の図のとおりです。

点の位置

読む点字（表がわ）

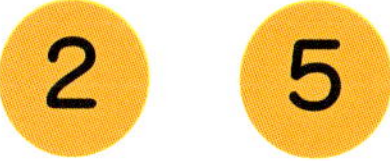

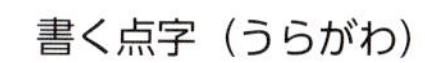

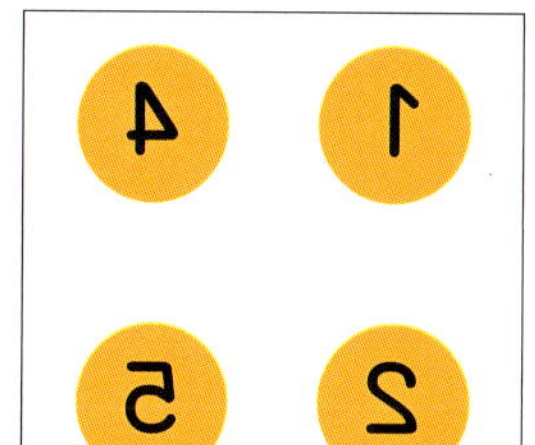

点の大きさ

実際の大きさ

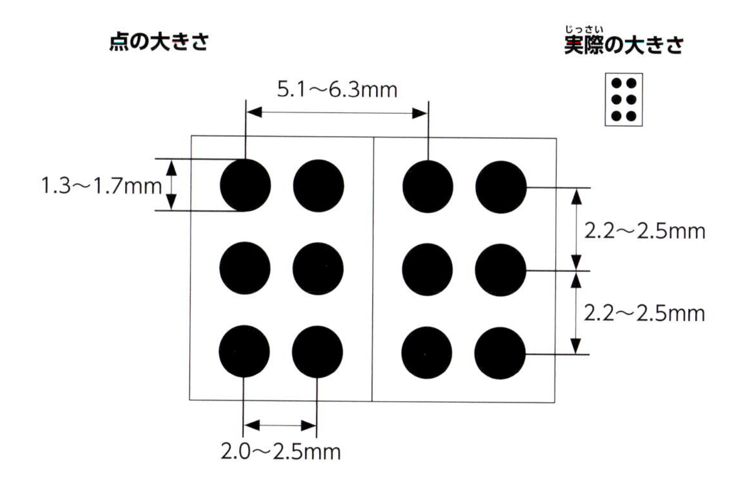

まめちしき

日本の50音の点字のかたち

日本の点字は、原則的に❶、❷、❹の3点で母音を、❸、❺、❻の3点で子音をあらわします。

右のように「あ、い、う、え、お」の母音が基本となり、これに子音をあらわす点を加えていきます。たとえば、か行をあらわす❻の点を加えると「か、き、く、け、こ」となります。くわしくは、この本の前見返しとうしろ見返しで紹介しています。

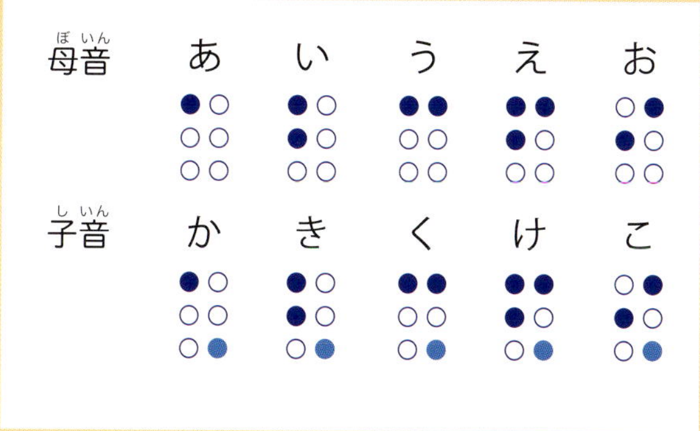

母音	あ	い	う	え	お
	●○ ○○ ○○	●○ ●○ ○○	●● ○○ ○○	●● ●○ ○○	○● ●○ ○○
子音	か	き	く	け	こ
	●○ ○○ ○●	●○ ●○ ○●	●● ○○ ○●	●● ●○ ○●	○● ●○ ○●

伝記 偉業をなしとげたルイ・ブライユ

目の見えない男の子

1809年1月4日、フランスのクーブレという小さな村で、父シモン・ブライユと母モニクとのあいだに、ひとりの男の子が生まれました。兄とふたりの姉につづき、12歳も年齢がはなれて生まれたその子は、ルイと名づけられて家族のみんなからかわいがられました。

ルイの父親は、腕のいい馬具職人で、革製の馬具一式をつくっています。ルイはいつも仕事場についていき、工具をつかって器用に馬具をつくる父親のようすを見ていました。

「あぶないから、工具をけっしてさわってはいけないよ」と父親は何度も言ってきかせましたが、ルイの好奇心はとまりません。

ルイが3歳になった夏のこと。ひとりで仕事場にいったルイは、思わず目の前の工具に手をのばし、父親の動作をまねようとしました。先のとがったキリを手に取って、そばにあった革の切れはしにさそうとしたのです。しかし、おさないルイの手に負えるものではありません。手がすべり、キリが左目につきささったのです！

悲鳴を聞き、あわててかけつけた両親は、すぐに医者に見せました。しかし傷が深く、ルイの傷ついた目を救うことはできませんでした。さらに悲しいことに、その後、右目も炎症をおこし、5歳のころには、ルイはまったく視力を失ってしまいました。

当時、目の見えない子どものほとんどは、学校には行けませんでした。読み書きを習えず、大きくなってやりたい職業につくこともできず、自分の手でかせぐこともできないのです。ルイの家族は、ルイに幸せな人生を歩んでほしいと願いました。

最初のうちは「気をつけて！」「あぶない！」などとルイを注意して見ていましたが、それではルイが自分の力で生きていくことはできません。おとなになってからひとりでもこまらないようにしなくては。

父親は馬具の革をみがかせました。母親はバケツに水をくみに、井戸まで岩の多い道を行かせました。ルイは、はじめはとまどっていましたが、持ち前の好奇心をはっきさせて、しだいに新しい生活になれていきました。

神父との出会い

ルイは、どんどんものを学んでいきました。父親から先のとがった枝でつくった杖をもらい、前方をたしかめながら歩くことをおぼえました。においや音が、ものや人のようすを教えてくれ、周りのことを知る大きな手がかりとなることを知りました。

ルイは、自分がほかの人とちがうということをよくわかっていました。できないこともたくさんありました。しかし、何でも知りたいと思う気持ちは、どんどん強くなっていきました。

ルイが6歳になったとき、村の教会に新しい神父がやってきました。ジャック・パリュイ神父です。パリュイ神父は、ルイの人生を大きくかえることになりました。

神父は、ルイの顔をひと目見て、かれが聡明であり、あらゆることに好奇心が旺盛だということに気づきました。神父は、ルイに歴史や科学などを教えました。さらには聖書から、よい人、悪い人、勇敢な人、おろかな人の話なども教えました。

しかし、神父は教師ではありません。

「かれは学びに飢えている」と考えた神父は、村の学校のベシュレ校長にたのみこんで、７歳のルイを目の見える友だちといっしょに通えるようにしました。学校では、ほかの生徒がぼんやりしているときでも、ルイは一所懸命に授業を聞きました。先生が話したことをおぼえてしまうので、ずばぬけて成績もよく、ルイはますます勉強がすきになりました。

ルイの願いは、自分で本を読み、書くことです。勉強に熱心なルイのすがたを見て、神父は、パリにある全寮制の王立盲学校にルイが入れるように考えをめぐらせました。そして、村の有力者に、盲学校の校長あてにルイの入学許可をもとめる手紙を書いてほしいとたのんだのです。

ルイは10歳になったばかり。家をはなれるには、まだ小さすぎます。しかし、息子が勉強する機会を得て、いずれは職業をもって生きていけるようになってほしいと願う両親は、強い気持ちで決心し、ルイをパリの盲学校に送りだしました。

盲学校での生活

ルイのパリでの寮生活がはじまりました。

はじめは、さみしくて泣いてばかりいましたが、すぐに友だちもできました。なにより盲学校では本が読めるということが、ルイを元気にさせました。

そのころ、盲学校では、学校の創設者ヴァランタン・アユイが考えた凸文字（うきだし文字→22ページ）をつかっていました。しかし、アルファベットをうきださせた凸文字を読みわけることはとてもむずかしく、ほとんどの生徒がたいへんな思いをしていました。がんばりやのルイでも、1冊の本を読むのに数か月もかかるというありさまです。まして、自分で文字を書くことはまったくできません。

そんなある日、退役軍人のシャルル・バルビエが、盲学校をおとずれました。1821年のことです。バルビエは、のちにルイが新しい点字を開発していくうえで、大きな役割を演じることになった人物です。

バルビエは、暗やみのなかで兵士たちが伝言を送るための「夜間文字」を考案しました。

夜間文字は、１マスにたて６点、横２列に点がならび、この12個の点をつかって文字をつくるという方法です。

その方法が目の不自由な人の役に立つのではないかと考えたバルビエは、実際にためしてもらおうと盲学校にやってきました。生徒たちは、バルビエが考案した文字がアルファベットではなく、点がうきあがっている文字であることにおどろきました。これで読むことがらくになると、はじめはみんなが夢中になりました。

しかし１マスに12個の点があるので、全体にふれるには範囲が大きすぎて、指からはみだしてしまいます。また、大文字をつくる方法や数字を書く方法がなく、限界があることもわかりました。

「やっぱりうまくいかないんだ」と生徒たちは残念がりました。

しかしルイは、ちがいました。

「改良すれば、きっとうまくいく！」と、さらにつかいやすい点字づくりに取りくみはじめたのです。

点のアルファベット

ルイは時間をおしんで点字づくりにはげみました。学校では、じゃまが入らない早朝や休み時間、授業が終わったあと、みんながねしずまったあとなど、こまかく時間をつかって作業をしました。夏休みなどの長い休みで家に帰っているときも、点字づくりにのめりこみました。うまく進まないことが多く、体調をくずしてねこむこともありました。

研究（けんきゅう）をつづけるルイを友だちは心配しました。しかしルイは、「だいじょうぶ、だいじょうぶ」と平気な顔でこたえます。そうして3年がすぎて、ルイは15歳（さい）になりました。そのころ、ルイはバルビエの１マス12点を半分にした６点点字を思いつきました。たてに３点、横に２列の合計６点で構成（こうせい）される１マスを基本単位（きほんたんい）として、すべてのアルファベットの文字や句読点（くとうてん）などを、６点の組みあわせであらわすことができます。目の見える人たちがつかう文字とはにていませんが、指でふれて感じとれるのです。

ルイ独自のアルファベットを完成させると、先生や友だちもいっしょになってよろこびました。これで文字を書くことができる！ 授業でノートをとって、あとで読みかえすこともできる！

盲学校の生徒たちは、日記を書いたり、手紙を出しあったりしました。教室には、いつも点ぴつで紙をつついて点字を打つ音がコツコツとひびいていました。

ルイにとってさらにうれしいのは、自分たちが読むための本をつくれるようになったことでした。

ルイは、友だちをさそって図書館にある本を点字にうつしかえていきました。

盲学校のピニエ校長は、ルイを高く評価していました。そして政府に手紙を書き、ルイの点字をフランスの目の見えない人のための公式な文字にしてはどうかと提案しました。

しかし、国内情勢が混乱していたこともあり、政府からの返事はありませんでした。

最後の月日

1828年、盲学校での勉強を終えたルイは、19歳で盲学校の助教員に任命されました。新しく入ってきた生徒を指導するのです。ルイは、先生としても人気を集めました。1833年には正式な教員になり、給料ももらえるようになりました。ルイの両親の願いは、かなえられたのです。

ルイは点字を広めようとしましたが、目の不自由な人だけがつかう文字をつかうと、目の見える人とのあいだに壁をつくってしまうと考えられ、いちじは学校内で点字をつかうことが禁止されてしまいました。

しかし、ルイの考案した点字は、目が不自由でも、きわめてかんたんに文字の読み書きができるので、盲学校の生徒たちがねばり強くつかいつづけました。また、どんなときもあきらめないルイの熱心な姿勢が人びとを動かしていきました。そしてついに考案から20年後の1844年、学校内で点字をつかうことがみとめられるようになりました。

そのころ、ルイの先生としての日びは終わりに近づいていました。10代のころからかかっていた結核が悪化し、長期休暇をとらざるをえなかったのです。ルイは病にたおれたあとも点字を打ちつづけ、目の不自由な子どもたちのために本をつくりつづけました。

ルイは1852年に43歳で肺結核のため亡くなりました。ルイの6点点字ができるまでは、目の見える人たちが目の不自由な子どもの指導をしていたので、目の不自由な人自身がつくった点字の意味は、とても大きいものでした。正式に6点点字がみとめられたのは、ルイが亡くなった2年後のことでした。

ルイが亡くなったときには、どの新聞もその死を報じませんでしたが、没後100年がたち、各地の新聞がルイに関する記事を載せました。そしてルイの遺体は、クーブレの墓地からパリにうつされ、フランスでもっとも栄誉ある人たちの埋葬地であるパンテオンにおさめられたのです。

ルイ・ブライユってどんな人？

ルイ・ブライユは、おさないときに事故で失明し、15歳で6点の点字を考案しました。「点字」は、英語ではかれの名前をとって、braille*ともよばれています。

ブライユの育った時代

ルイ・ブライユ（Louis Braille　1809−1852年）が幼少期をすごした19世紀はじめのフランスは、市民革命（1789−1799年）後、革命派の将校として活躍したナポレオンが皇帝に即位し（1804年）、強力な軍事独裁政権がしかれていました。ナポレオンはヨーロッパの大半を支配しましたが、1812年のロシア遠征に失敗し、敗北。ふたたび王政が復活したものの、革命によってたおされるなど、社会が大きく変化していた時代でした。

クーブレの村

ブライユが生まれたクーブレは、パリの東方40kmほどのところにある、人口2700人ほどの小さな村です。パリからは、電車で30分くらいです。ブライユが生まれ育った家は、現在「点字博物館」として公開されています。ブライユに関する点字の機器や本が展示されている資料室のほかに、居間や父親の仕事部屋などブライユが家族とともにすごした生活のようすを見ることができます。

クーブレの場所
クーブレは、パリの東方にある小さな村。

ルイ・ブライユの生家
ブライユがくらした19世紀につくられた石づくりの家。生家がある通りは、ブライユに敬意をしめしてルイ・ブライユ通りという名前がついている。

*ルイ・ブライユの名前のBrailleは、フランス語ではブライユ、英語ではブレイルと読む。

盲学校教師としてのブライユ

ブライユは、とても優秀だったことで知られています。17歳のころから、まだ生徒でありながら、年少の生徒に代数や文法、地理などを教えました。19歳で盲学校の助教員となり、点字とおなじやりかたで楽譜を書く方法をくふうしはじめます。20歳のときには『点をつかってことば、楽譜、かんたんな歌を書く方法──盲人のためにつくられた盲人がつかう本』を出版。これによって、ブライユ点字が正式に誕生しました。

音楽が好きだったブライユは、その才能もすぐれていました。24歳のときに近所の教会のオルガン奏者になり、この役目を一生つとめました。

ルイ・ブライユの肖像（石こう）
ブライユは、つかれを知らないまじめな教師だったと伝えられている。
（筑波大学附属学校教育局蔵）

まめちしき

ブライユとクーブレの村

ブライユの遺骨は、100年間、クーブレの村の墓地にねむっていました。

没後100年をむかえ、フランス当局によって、ブライユの遺骨はほりおこされ、パリのパンテオンにうつされました。しかし、両手の骨は、クーブレの骨つぼにのこされました。村の人たちが、村で育ったブライユの記念となるものをなにかのこしてほしいと希望したからです。墓石の上におかれた大理石の箱には、いまもブライユの両手が大事に保管されています。

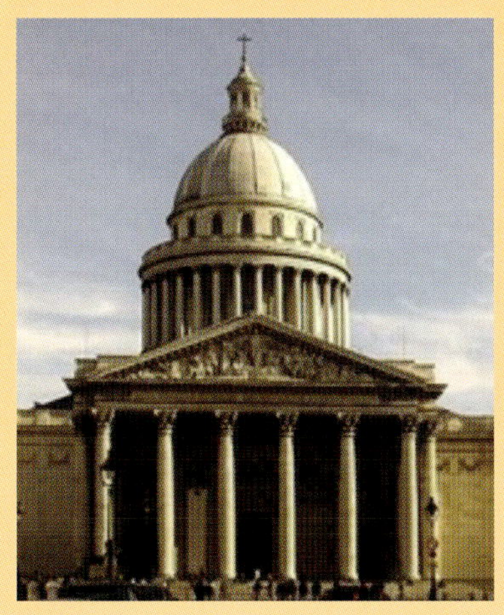

パンテオン（左）とブライユのひつぎ（右）
フランスの偉人たちのひつぎが安置されているパンテオン。ブライユのひつぎはその地下にある。　提供／日本点字図書館

クーブレの村にあるルイ・ブライユのお墓
ブライユにとって、クーブレの村は心の安まるふるさとだった。

ルイ・ブライユと王立盲学校

10歳でパリにある王立の全寮制盲学校に入学したルイ・ブライユは、43歳で亡くなるまで、その盲学校に住み、生徒として学び、また教師として教えました。

王立盲学校の創立者

ブライユが生まれた当時、ほとんどの人は、目の不自由な人に教育は必要ないと考えていました。そのため、目の不自由な人の多くは、まちの通りで人びとから物やお金をめぐんでもらいながら生活をしていくしかありませんでした。

そんな時代に、障がいのある人も教育の機会を得るべきだという考えをもち、ヨーロッパではじめての盲学校を創設した人物がいます。通訳として生計を立て、のちに教育者となるヴァランタン・アユイ（Valentin Hauy　1745－1822年）です。

アユイは、まちで物乞いをする目の不自由な子どもを見て、「障がいを理由にさげすんではならない」と、目が見えない若者への読み書き指導が必要だと考えました。そのために学校をつくりたいと活動し、1784年（フランス革命の5年前）、パリに盲学校を設立させました（革命直後の1791年に王立盲学校となり、王政廃止後は国立盲学校となる）。

←ヴァランタン・アユイの肖像画
早くからまずしい人や弱い人を気にかけていたアユイは、盲人教育の決意をかため、世界最初の盲学校をつくった。
（筑波大学附属視覚特別支援学校蔵）

ヴァランタン・アユイ像
パリの国立青年盲学院の前にあるヴァランタン・アユイと生徒像。　提供／ユニフォトプレス

初期の王立盲学校

アユイが設立した盲学校は、古い建物で、セーヌ川ぞいの、パリでも不衛生な地域にありました。ここで、100人近い生徒たちのために、宗教、歴史、地理、数学、ラテン語、フランス語の文法、音楽などの授業がおこなわれていました。

生徒たちの多くは、生まれつき目が見えなかったり、事故で失明したりした子どもたちでした。なおすことがむずかしい病気にかかり、それがもとで失明した子どももいます。学びたいという思いをもつ子どもが、この学校の生徒として選ばれました。ルイ・ブライユもそうした子どものひとりです。

ブライユの銅像
アルゼンチンのブエノスアイレスにあるブライユの銅像。
提供／ユニフォトプレス

まめちしき

病気とブライユ

ブライユが入学した盲学校の古い建物は、しめっぽくて換気も不十分でした。ブライユが盲学校で生活をはじめて3年がすぎたころ、前任の校長にかわって、アレクサンドル・ピニエが校長になりました。

ピニエ校長は生徒おもいのおだやかな性格の人でした。盲学校に着任すると、すぐに不健康なようすの生徒たちを見て、きちんとした食事や入浴など生活環境の改善を政府にうったえました。しかし、すでにブライユは健康を害し、26歳で肺結核と診断されます。

健康がおとろえたブライユは34歳のときに村に帰り、6か月療養しますが、健康が回復することはありませんでした。ふたたび教壇に立つことはできましたが、胸がわるいせいか、小さな声しか出せなかったといいます。

ブライユは41歳で結核が悪化し、1年後、盲学校内の病院に入院し、43歳で亡くなりました。

ブライユはオルガンなどの楽器をとてもうまくひいた。

ブライユの点字以前の読み書き

文字の世界にふれる権利はだれにでもあるはずと信じる人は、ブライユだけではありません。目が不自由でも読み書きができるように、いろいろな方法が考えられました。

さわって読む「うきだし文字」

19世紀はじめ、目の不自由な人の読み書きは、「うきだし文字（凸文字）」というものでした。凸文字は、パリの盲学校を創立したヴァランタン・アユイ（→20ページ）がつくった、アルファベットを紙にうきださせてあらわした文字です。

しかし、うきだし文字を指でさわって理解することはたいへんむずかしく、読めるようになるのは、ほんのひとにぎりの人たちでした。ルイ・ブライユは、そうしたなかのひとりで、文字を読むことができるだけでなく、判読可能な文字を書くこともできました。

ヴァランタン・アユイのうきだし文字
ヴァランタン・アユイがつくったうきだし文字。指でさわって文字を読む。

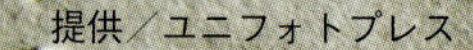
提供／ユニフォトプレス

かたちをなぞる手書き文字

当時、盲学校では、文字を書く練習もしていました。まず、鉄ぴつを手でもって、金属のシートにきざまれた文字のかたちをなぞり、それを記憶しておいて、ペンで別の紙に文字を書いていきます。おなじ行に書かないために、手書きガイドをつかいましたが、目の不自由な生徒にとっては、とてもむずかしい方法でした。

手書きガイド
長方形のわくに、横に針金を張って、書く文字が上下の行にはみださないようにしたもの。

シャルル・バルビエの12点点字

バルビエの肖像画

シャルル・バルビエ（Charles Barbier 1767−1841年）は、フランスの軍人です。19世紀初頭、ナポレオン（→18ページ）の砲兵大尉をしていたとき、夜間の暗やみでも伝言をやりとりすることができる、「夜間文字（ソノグラフィー）」とよばれる暗号を考案しました。

1マス12点で構成されたバルビエの記号は、アルファベットをあらわす線の文字ではなく、点をつかった画期的な発明でした。

夜間文字は、先のとがった細い木の棒で厚紙をついて点や線をでっぱらせ、この点や線で、発音や音節、さらには単語や文章をあらわすというものです。しかし、組みあわせが複雑すぎたため、兵士のあいだでは採用されませんでした。

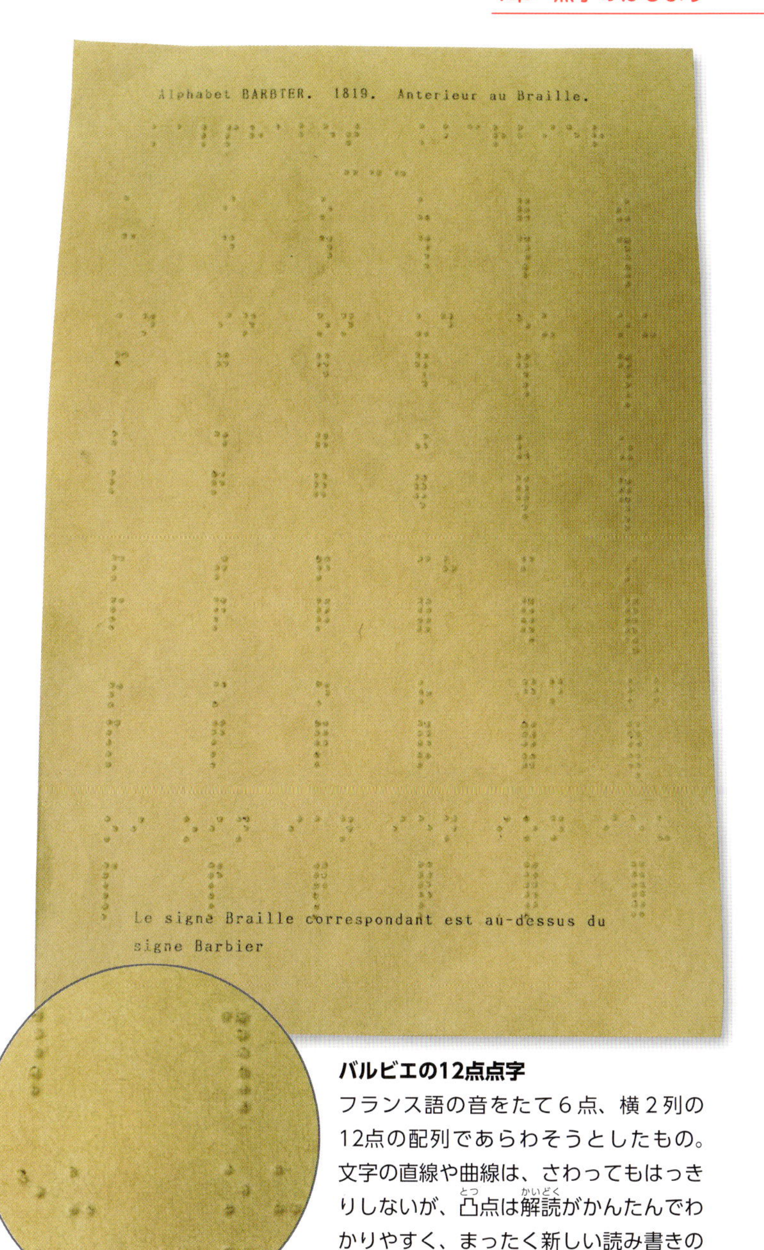

バルビエの12点点字
フランス語の音をたて6点、横2列の12点の配列であらわそうとしたもの。文字の直線や曲線は、さわってもはっきりしないが、凸点は解読がかんたんでわかりやすく、まったく新しい読み書きの方法として盲学校の生徒たちに受けいれられた。（筑波大学附属視覚特別支援学校蔵）

まめちしき

バルビエとブライユ

シャルル・バルビエが盲学校をおとずれたあと、生徒たちは12点点字に夢中になっていましたが、しだいに興味を失っていきました。そのなかでブライユは点の文字に可能性を感じ、だれもが読みやすいかたちにしたいと、シャルル・バルビエに直接会って、改善点を伝えました。

生徒であるブライユから指摘される的確な意見におどろいたものの、誇り高いバルビエはそれをみとめることはできませんでした。

しかし後年になって、バルビエは6点点字をつくったブライユの業績をたたえました。

またブライユも、12点点字があったからこそ6点点字が誕生したと、バルビエに敬意をあらわしました。

ブライユ点字のすぐれたところ

ブライユのつくった点字は、とてもわかりやすいものでした。目の不自由な人たちは、これまでよりもらくに本を読み、文字を書くことができるようになりました。

読みやすくわかりやすい

　ブライユの６点点字の特徴は、そのわかりやすさにあります。おぼえなければならない点の配列は「A」〜「J」の10種類だけです。

●となりあった点を組みあわせて、アルファベットの最初の「A」から「J」までをあらわす。

A　B　C　D　E　F　G　H　I　J

●次の10文字「K」から「T」までは、「A」から「J」までの配列に❸の点を加えてつくる。

K　L　M　N　O　P　Q　R　S　T

●「U」、「V」、「X」、「Y」、「Z」は、「A」から「E」の文字に❸と❻の点を加えてあらわす。「W」だけはこの体系にあてはまらない。

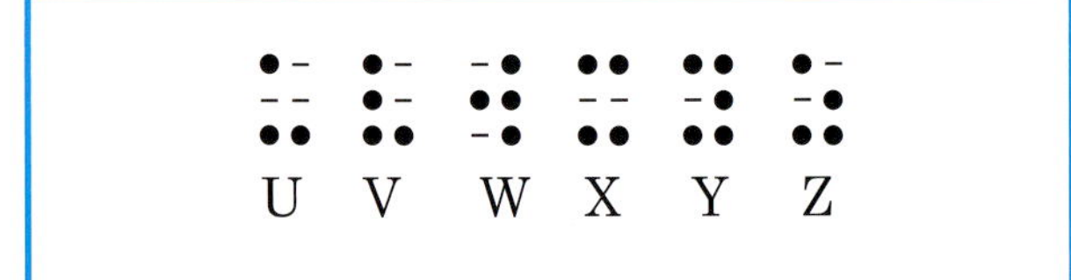

点字の書き方を指導する教師。

絶賛されたブライユの音楽記号

ブライユが入学したころ、盲学校での音楽教育は、楽譜をつかわず、うきだし文字とおなじように、五線譜や音符を拡大してうきださせたものでした。音楽に秀でていたブライユは、さわって読める楽譜をつくれないものかと考え、自分のつくった点字記号を利用して、さまざまな音楽情報をあらわすことに成功しました。

- 点字の「d」から「j」の文字を再利用して、8分音符を表現。
- 4分音符にはこれに❻の点を、2分音符には❸の点を加える。
- 全音符または16分音符には❸と❻の点を加える。
- ❸と❻の点は、つねに音符の長さをあらわすこととし、演奏するオクターブの位置や音楽記号は、そのほかの点であらわした。

点字音符表

ハ長調	ド	レ	ミ	ファ	ソ	ラ	シ
8分音符	⠙	⠑	⠋	⠛	⠓	⠊	⠚
4分音符	⠹	⠱	⠫	⠻	⠳	⠪	⠺
2分音符	⠝	⠕	⠏	⠟	⠗	⠎	⠞
全音符 16分音符	⠽	⠵	⠯	⠿	⠷	⠮	⠾

まめちしき

普通文字をつかってコミュニケーション

ルイ・ブライユは、点字を発明したあと、目の見えない人と見える人とのあいだのコミュニケーションの方法「デカポワン」と、その筆記用具「ラフィグラフ」の開発に取りくみました。

デカポワンのデカは「10」、ポワンは「点」で、10×10の点を配置して、アルファベットの形をあらわすものです。ラフィグラフのラフィは「針」、グラフは「書く」という意味のギリシャ語で、針によって印字する機械です。ブライユは、点字でつかっているのとおなじ小さな点をならべて、ふつうの文字をあらわすしくみを考えました。しかし、この方法は、タイプライターの普及にともなってつかわれなくなり、現在では使用されていません。

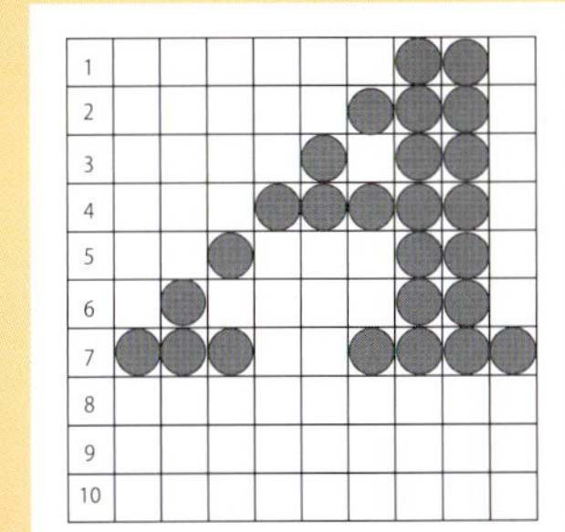

デカポワンの配列例（Aの場合）

もっと知りたい！

世界に広がったブライユの点字

ルイ・ブライユが完成させた6点点字は、ブライユが亡くなったあと1854年にフランス政府から公式にみとめられました。19世紀後半になると、だんだんと広まり、現在では世界100か国以上でつかわれています。

世界各国の６点点字

ブライユの６点点字が公式にみとめられたあと、1878年におこなわれた国際会議で、ブライユ点字が目の不自由な人にとって最良の方法であるとして、世界じゅうで採用されるべきだとみとめられました。６点点字は、それぞれの国のことばにおきかえられて、世界じゅうでつかわれるようになりました。

ブライユの功績をたたえて、その肖像画をえがいた切手が、各国で発行されています。とくに2009年の生誕200年にあたり、2008年から2010年にかけて多くの国や地域から記念切手が発行されました。これだけ見ても、ブライユ点字の広がりがわかります。

世界で２番目のブライユ切手

フランス（1948年）

点字発明150年記念

東ドイツ（1975年）

チェコ（2009年）
生誕200年記念

スペイン（2009年）
生誕200年記念

セルビア（2009年）
生誕200年記念

ルクセンブルク（1977年）
没後125年

マリ（1977年）
没後125年

バチカン（2009年）
生誕200年記念

インド（2009年）
生誕200年記念

※国名は切手が発行された当時のものです。また、切手によって拡大率がことなっています。

●ブライユ点字の広がり

イギリス	イギリスの医者で、中途失明者のトーマス・アーミテージは、1868年、目の不自由な人の教育を発展させるために英国王立盲人協会を創立した。アーミテージはブライユの点字がもっともすぐれていると考え、教科書や賛美歌をつくったり、点字器を改良したりして、ブライユ点字を広めていった。
アメリカ	ブライユ点字が紹介されたあと、ニューヨーク盲学校校長のウィリアム・ウエイトが中心になり、ニューヨーク・ポイントという新しい点字が考案された。その後、アメリカン・ブレールという点字も考えられ、いくつものタイプの点字がつかわれていたが（→47ページ）、1915年にはブライユ点字をベースとした標準米国点字が合意され、1932年にイギリスとの合同会議で英語共通の点字とすることが決まった。
日本	1887年、東京の盲学校につとめていた小西信八は、ブライユ点字の資料と点字器を取りよせ、生徒に試みさせた。生徒がすらすら読み書きするのを見て、信八は日本のかな文字の点字をつくりたいと決意。盲学校の先生と生徒がともに研究にはげみ、いろいろな案を出しあって、石川倉次案をもとに日本点字の基礎をきずきあげた（→28ページ）。

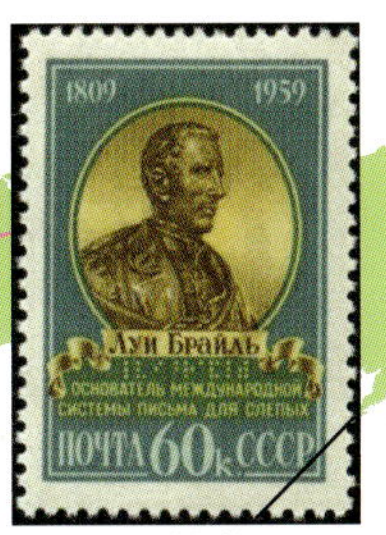

ソビエト連邦（1959年）
生誕150年記念

国際障害者年の切手

パナマ（1981年）

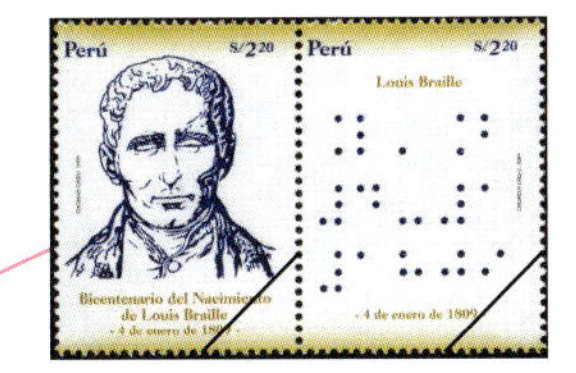

ペルー（2009年）
生誕200年記念

韓国（2009年）
生誕200年記念

中国のマカオ（2009年）
生誕200年記念

ブラジル（2009年）
生誕200年記念

世界初のブライユの切手

アルゼンチン（1939年）

切手提供／大沢秀雄（筑波技術大学保健科学部鍼灸学専攻准教授）

伝記 石川倉次と日本の点字をつくった人びと

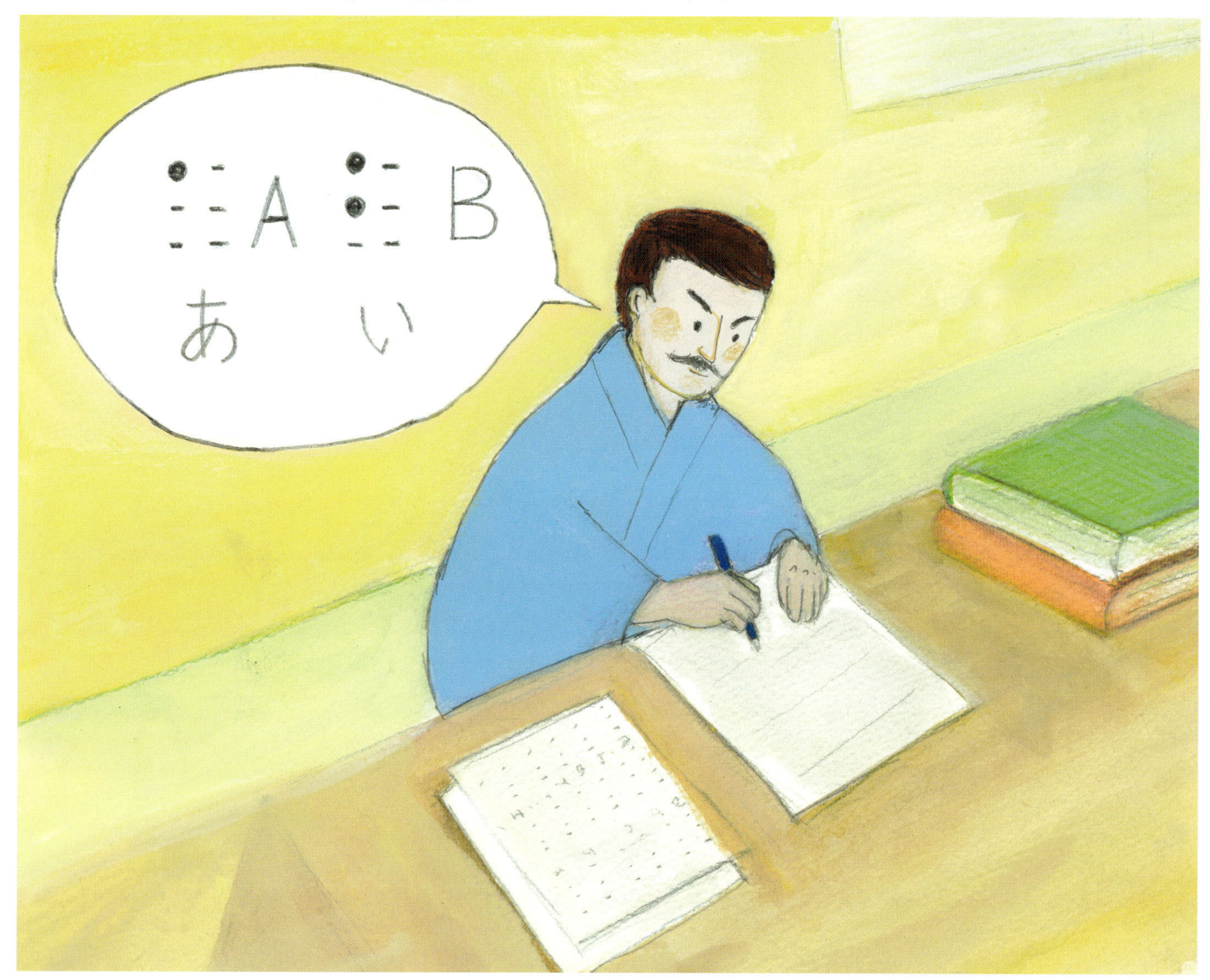

教育者か新聞記者か

「ルイ・ブライユが考えた6点点字は、26文字のアルファベットをあらわしたもので、おなじかたちのものはない。それに対して、日本語のかな文字は、いろは48文字。それを6つの点だけで表現できるのだろうか？」

世界共通の6点点字を日本のかな文字でもつかえるようにするようにたのまれた石川倉次は、悩みました。日本語の6点点字を生みだすには、多くの人の努力が必要でした。

倉次は、1859（安政6）年、現在の静岡県浜松市で、父石川専七、母ゑしの長男として生まれました。父親は浜松藩に仕える藩士で、倉次はおさないころから武士としてしつけられました。母親は武士の妻としての教養をもち、おさない倉次に百人一首や俳句などを教えました。

藩士の子どもは、7～8歳になると藩の学校に通います。倉次は藩学校で国語や漢学などのほか、武道を習い、勉学にはげみました。

時代は幕末から明治へとゆれうごき、父親が仕えていた藩が国替え（配置替え）の命をうけ、突然に千葉県市原市鶴舞にうつることになりました。

1871（明治４）年、藩を廃止して府県に統一する廃藩置県によって、全国の藩は解体。倉次の父親も武士の地位と仕事を失いました。それからは毎日のように新しい仕事をさがして歩き、母親は針仕事をしてくらしを助けました。それまでのくらしが一変し、なれない生活に苦労している両親を見て、倉次は早く一人前になって家計を助けたいと思っていました。

熱心に勉強にはげみ、優秀な成績で小学校を卒業した倉次は、千葉師範学校教員検定試験を受けて合格し、小学校に教員としてつとめはじめます。16歳になったばかりでした。

倉次は、学問がすきだった母の思いをむねに教師の仕事をはじめましたが、その矢先、倉次に悲しい知らせがおとずれます。病弱だった母が亡くなったのです。

じつは倉次は、教育の道とは別に、新聞記者になって世のなかをかえたいという夢を秘めていました。母親の死を機に、ついに勇気を出して、東京へ新聞記者の仕事をさがしにいったのですが、かんたんには仕事を見つけることができません。

千葉にもどった倉次は、「新聞記者になれるのは、ひとにぎりの人だけ。世のなかをかえるのは新聞記者だけではない」と考え、教育に生涯をささげようと心を決めました。

ブライユ点字との出会い

倉次は、行った先ざきの学校で一人ひとりの子どもたちが勉強がすきになるように取りくみました。小学校の先生として、倉次は、だんだんと地位をあげていきました。また、国語やかな文字の指導に関心をもっていたことから、「かな文字」の研究会に出入りしていました。そこで出会ったのが、その後、ともに日本の点字をつくっていくことになる、小西信八です。信八は、楽善会訓盲院（その後訓盲啞院、のちに東京盲啞学校）の専務から校長となった人物です。

1885年、倉次は信八から１通の手紙を受けとりました。そこには「わたしはこのほど幼稚園から訓盲啞院に転勤し、学校の事務をまかされています。目や耳の不自由な子どもたちの教育のために、あなたの力をかしてください」と書かれていました。

倉次は、目や耳の不自由な子どものための教育のことはなにも知らないうえ、赴任したばかりの学校の子どもたちのことも思い、申し出をことわりました。しかし信八の思いは強く、倉次の協力を願う内容の手紙が何度もとどきます。そこまで言ってくださるならと、倉次は、家族をともなって東京に向かう決心をしました。

当時、訓盲啞院では、ひらがなやカタカナをうきださせた「凸文字」をつかっていました。線をなぞっていく凸文字はさわって理解することはむずかしく、目の不自由な子どもたちは本を読むことに苦労していました。また凸文字では本をつくるのにも時間がかかり、本の数もあまりありませんでした。

訓盲啞院の専務をしていた信八は、そんな子どもたちのようすを見ていて、自分で読み書きできる文字が必要だと痛感していました。

なにかいい方法はないかさがしていた信八に、有益な情報がもたらされました。ルイ・ブライユの点字です。信八が、学校の優秀な生徒にブライユ点字のルールを教えると、すぐに夢中になっておぼえはじめました。まだかなの点字はないので、アルファベットのローマ字でためしたのです。

読めるよろこびにあふれる生徒を見て、信八は、倉次をよびよせました。ブライユの点字を見せて、日本のかなに合うような点字をつくりたいとたのんだのです。倉次も子どもたちが凸文字を必死にさわってわかろうとするすがたを見ていました。

「わかりました。やってみます」

不安もありましたが、倉次は思わずそう返事をしました。

日本点字の父

「15歳の盲学校の生徒が考えだしたとは、とても信じられない！」

倉次は、ブライユの点字の配列表の美しさに感心しながらも、6点を組みあわせていろは48文字をつくることのむずかしさに頭を悩ませていました。点字とのたたかいです。

1年ほどして、倉次は発想をかえました。6つの点を8つにふやせば、かな文字を表現するのに十分な組みあわせができるのです。倉次は生徒にも8点点字を読んでもらい、反応をためしたうえで信八に提案しました。

ところが、返事は、倉次をがっかりさせるものでした。

「8点はすばらしいけれども、やはり6点の点字でつくってください。世界じゅうで日本だけがちがう点字をつかうことになってしまいます」

ふりだしにもどり、倉次はふたたび黙もくと研究をつづけました。歩いているときも、食べているときも、ふとんのなかでも、頭のなかでは一日じゅう、点がぐるぐるまわっています。

このころになると、盲唖学校のさまざまな先生や生徒も点字の研究に加わりました。

あるとき、学校に来てまだ日の浅い新米の先生が、6点点字を五十音にあてはめることに成功しました。その案は不十分でしたが、倉次はそれをヒントに改良を加え、ついに6点でかな文字の点字をつくりあげました。

日本のかな文字に合う点字の案は、その新米先生である遠山邦太郎や倉次のほかに、生徒たちが共同で考えたものもありました。選定会議が開かれた結果、選ばれたのは倉次の案でした。記念すべきこの日、1890（明治23）年11月1日は、日本点字制定記念日と定められました。

点字は少しずつ日本全国に広がっていきました。しかしおもに盲学校で教えられていたため、家がまずしく学校に通えない子どもたちは点字をおぼえることができませんでした。そのため自分の将来に希望をもてない目の不自由な子どもが多くいました。

そんな状況をかえたいと行動をおこした人が、兵庫県にいた左近允孝之進でした。孝之進は、まずしい家庭の子どもたちも勉強ができるように私塾（のちの神戸訓盲院）を開きました。その後、点字をおぼえた子どもたちが自由に本を読めるように、まずしい生活のなかで出版社をつくり、点字の新聞や本をたくさん発行しました。

孝之進のこころざしは、その後、教育者である中村京太郎に引きつがれ、毎日新聞社の点字新聞として現在も発行されています。

石川倉次って、どんな人？

石川倉次は、ルイ・ブライユの点字を日本のかな文字におきかえることに成功した人です。点字の普及にも力を入れ、「日本点字の父」といわれています。

教育者としての石川倉次

石川倉次は、1879年、千葉の師範学校（教員の養成を目的とする機関）を卒業後、千葉県の小学校で教員の仕事につきました。

一般の小学校で教えていた倉次が、目や耳の不自由な子どものための教育に力をそそぐことになった転機は、小西信八（→まめちしき）との出会いでした。教育者であった倉次は、文字の読み書きに苦労している子どもたちのすがたを見て、かれらが読み書きできる文字が必要だと強く感じ、研究にのめりこみました。

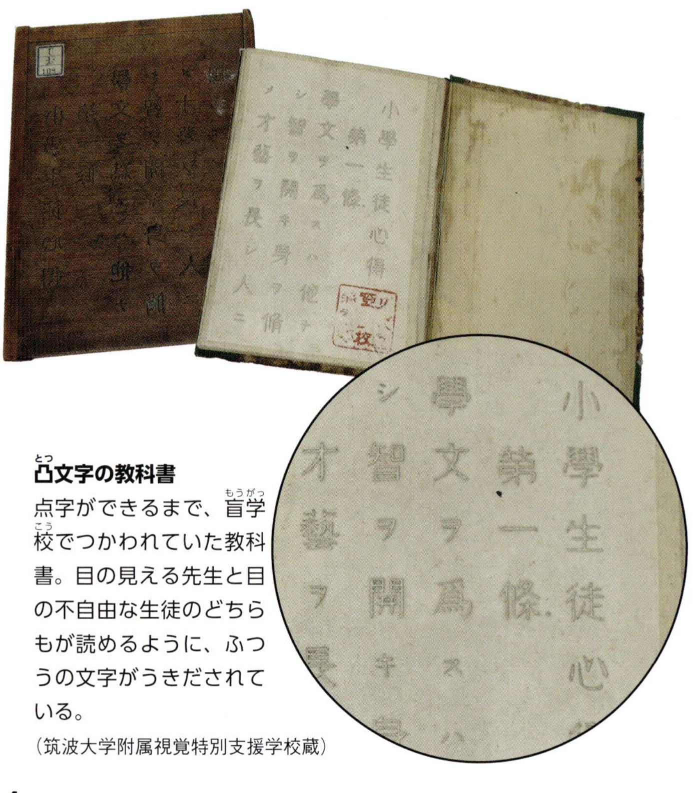

凸文字の教科書
点字ができるまで、盲学校でつかわれていた教科書。目の見える先生と目の不自由な生徒のどちらもが読めるように、ふつうの文字がうきだされている。
（筑波大学附属視覚特別支援学校蔵）

小西信八（左）と石川倉次（右）
石川倉次が生涯師として仰いでいた小西信八とともに。1937年に撮影。
（筑波大学附属学校教育局蔵）

ブライユ点字との出会い

石川倉次にブライユの点字を日本のかな文字用につくりかえるようたのんだのは小西信八ですが、その信八にブライユの点字を紹介したのは東京教育博物館（現在の国立科学博物館）の館長、手島精一（1850－1918年）でした。精一は、アメリカのフィラデルフィア（1876年）やイギリスのロンドン（1884年）で開催された万国博覧会からブライユの点字に関する本や器具をもちかえり、博物館に陳列。のちに信八から相談を受けたときに、これらを貸し出しました。

さらにさかのぼること５年前の1879年、目賀田種太郎（1853－1926年）という政治家が、在米留学中に盲学院を視察。その報告文を文部省発行の雑誌に掲載し、ブライユ点字を図解入りで解説しました。こうしてブライユの点字は、海をこえて、フランスから遠い日本にも伝わってきたのです。

手島精一

目賀田種太郎

点字の普及

倉次は点字を広めるために、全国の盲学校に「日本訓盲点字一覧」をくばり、各地に出向いて日本の点字を指導していきました。また、点字を表記するために必要な点字機器の研究をして、点字器や点字タイプライターを開発。点字の普及に力をそそぎました。

石川倉次考案の点字タイプライター

点字を広めようと倉次が考案した。点字の６つの点に対応した６つのキーが左右２か所にあり、２文字連続して打つことができる。　（筑波大学附属視覚特別支援学校蔵）

まめちしき

点字づくりのプロデューサー、小西信八

小西信八（1854 –1938年）は、長岡藩の藩医の次男として、越後国古志郡高山村（現在の新潟県長岡市高島町）に生まれました。長岡藩は戊辰戦争に敗れ、村人は苦しい生活を強いられましたが、そんななかでも信八は学問にはげみ、教師となりました。さまざまな教育現場を体験後、訓盲院（のちの東京盲唖学校）の専務となった信八は、目の不自由な子どもたちが、よりきちんと学べる学校にしたいと思っていました。そこで、以前からの知り合いで、国語・国字の研究に熱中していた石川倉次に白羽の矢を立て、点字づくりを依頼し、学校によびよせたのです。

日本点字の完成

日本点字の父とよばれているのは石川倉次ですが、倉次のほかにも、ブライユの点字を日本のかな文字におきかえようと案を考えた人たちがいます。

日本点字が決まった日

日本点字を考えたのは、じつは石川倉次だけではありません。小西信八の要請で、東京盲唖学校では、かな文字用の点字をつくろうと、先生や生徒が知恵をしぼっていました。最終的には、倉次案のほかに、盲唖学校の先生をつとめる遠山邦太郎案と、生徒の伊藤文吉・室井孫四郎による共同案が日本の点字を決める会議に提出されました。

４回にわたる会議で、「まちがわないで早く読めること。早く書けること。おぼえやすいものにすること。かなはぜんぶ点字で書けるようにすること」などの条件を満たしたのが、倉次案でした。倉次案が日本点字に決まった日、1890年11月１日が「日本点字制定記念日（点字の日）」となりました。

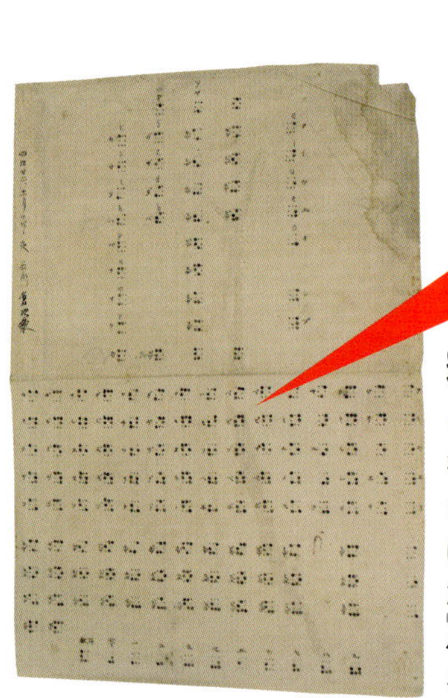

石川倉次の８点点字

６点では50音すべておきかえられないと考え、１辺を３点であらわした４辺の８点（中心の点は使用しない）として考えられた案。６点にこだわった小西信八はこの案を採用せず、さらなるくふうを倉次にうながした。

（筑波大学附属視覚特別支援学校蔵）

石川倉次と東京盲唖学校の先生や生徒たち

目の不自由な人がつかう文字をつくりたいという思いから、石川倉次は日本点字づくりにはげんだ。〇が倉次。

（筑波大学附属視覚特別支援学校蔵）

公認された日本点字

日本点字が制定されたとき、50音は点字がつくられていましたが、小さい「や」「ゆ」「よ」のつく「きゃ」「きゅ」「きょ」などの拗音は、まだつくられていませんでした。その後、倉次は1898年に点字の拗音を発表し、この拗音点字をふくめた日本点字が1901年の官報に「日本訓盲点字」として発表されました。これにより、日本において目の不自由な人がつかう文字として公認されたのです。

まめちしき

日本の盲学校のはじまり

日本ではじめての公立の盲学校は、1878年、京都に設立された盲唖院です*。これにつづいて1880年、東京の築地に訓盲院がつくられました。これが、楽善会訓盲院（のちに訓盲唖院）で、小西信八がつとめていた学校です。

訓盲唖院は、1886年に文部省に移管されて官立学校となり、1887年に東京盲唖学校と改称されました。ここでは目の不自由な人と耳の不自由な人とがいっしょに教育を受けていましたが、学校長をつとめた小西信八は、のちに東京盲学校と東京聾唖学校に分離させ、それぞれの教育をおこなうことにしました。

現在、東京盲学校は筑波大学附属視覚特別支援学校に、東京聾唖学校は筑波大学附属聴覚特別支援学校に名称が変更されています。

＊ 1876年、東京の麹町に民間の盲人学校が設けられたが、2年で廃校となってしまった。

東京盲唖学校校舎（小石川区指ヶ谷時代の校舎）
東京盲唖学校の前身となる訓盲院は、1879年12月、京橋区築地3丁目（現中央区築地4丁目）につくられた。1887年に東京盲唖学校と改称され、1891年に校舎を小石川に移転した。
（筑波大学附属学校教育局蔵）

点字で情報を伝えたい

明治時代、人びとは新聞や本から新しい考えや情報を取りいれていました。目の不自由な人にも、情報を得るために新聞や本が必要だと考えた人物がいました。

点字新聞発行者のさきがけ

左近允孝之進（1870－1909年）は、日本初の点字新聞を発行した人です。26歳のときに目の病気で失明した孝之進は、はり・きゅう・マッサージなどの修業をつづけていくなかで、目の不自由な人が勉強できない環境の悪さを痛感していました。

孝之進は、1890年に制定された日本点字を知ると、さっそく篤志家*をたずねて支援をたのみ、援助と募金により1905年に神戸訓盲院（現在の兵庫県立視覚特別支援学校）を設立しました。そして、その数か月後には、点字出版所「六光社」を開設しました。

1906年１月１日、孝之進は、目の不自由な人が、すきなときに自由に新聞や本が読めるように、点字新聞「あけぼの」を創刊しました。また、ほぼ同時期に、独学で点字を学習できるように、点字と活字を併記した「点字独習書」を発行しました。

* 高額の寄付などをして、社会奉仕および慈善事業などを熱心に手助けする人。

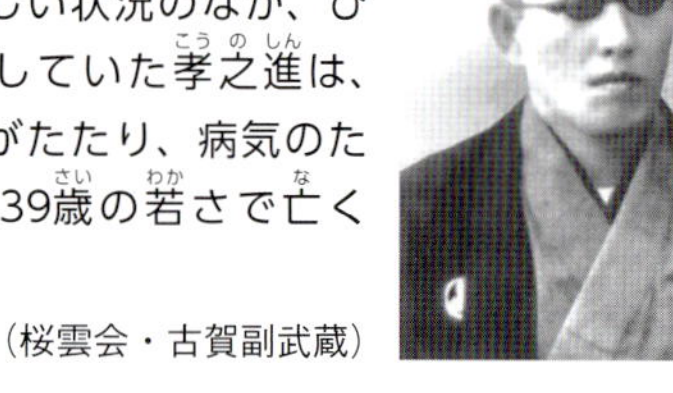

左近允孝之進
経済的に苦しい状況のなか、ひとりで奔走していた孝之進は、長年の無理がたたり、病気のため1909年に39歳の若さで亡くなった。

（桜雲会・古賀副武蔵）

「あけぼの」発刊のことば（抜粋）

「ついに点字新聞の発行を企て、ここに、あけぼのの色めでたくその初号を発刊するに至れり。六つの光は輝きて闇の夜は明け初めぬ。凱旋の曲勇ましく迎えし、新玉の年の初めにおいて、初めて読者にまみゆるは本紙のもっとも光栄とするところなり。」

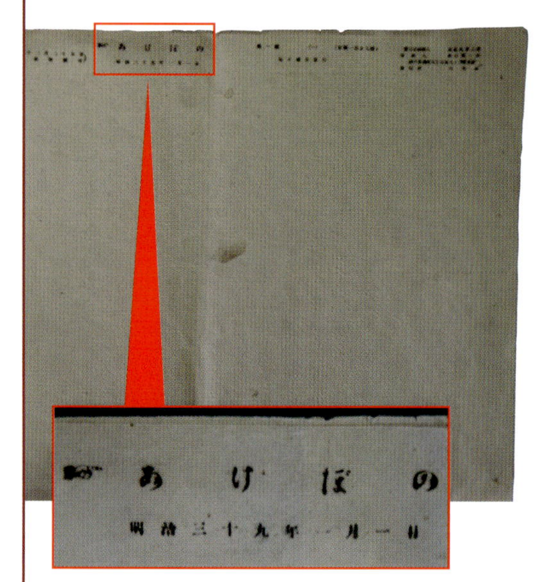

点字新聞「あけぼの」
左近允孝之進は、すりあがった新聞670部ほどを全国の目の不自由な人に５銭で配った（100銭＝１円）。発刊のことばには、孝之進の思いが書かれている。

（桜雲会・古賀副武蔵）

点字印刷機の開発

当時、点字を印刷できる印刷機は、東京盲唖学校と京都盲唖院、横浜の聖書会社にあるのみでした。それも欧米から輸入されたものです。孝之進は、はり・きゅう・マッサージの仕事をつづけながら、点字活版印刷機の開発に挑みました。少年期に地元・鹿児島の新聞社で活字を組むようすや輪転機をまわすところなどを目の当たりにしていたこともあり、孝之進はみずから研究して点字による印刷機をつくりあげました。

まめちしき

「あけぼの」創刊号発見

「あけぼの」の創刊号が、2009年に福岡県久留米市内で見つかりました。左近允孝之進の妻の弟の孫の自宅から発見され、親交のあった孝之進の研究者である古賀副武さんに送られました。「あけぼの」は、孝之進が亡くなったあと、妻に引きつがれましたが、1913年に廃刊したとみられていて、現物がほとんどのこっていませんでした。

復元された左近允孝之進の点字活版印刷機
孝之進は、新聞を発刊するには印刷機が必要だと考えた。点字活版印刷機の製作の知識をもっていなかったため、試行錯誤しながらつくった。
（国立民族学博物館蔵）

点字活版印刷機を上から見たところ。

いまもつづく、点字の新聞

「点字毎日」は目の不自由な人のための新聞です。大正時代から現在まで、90年以上の長期にわたって発行されつづけている点字新聞は、世界にも例がありません。

目の不自由な人の情報源

「点字毎日」は、毎日新聞社が発行している点字の新聞です。創刊は1922年。点字が制定されてから30年あまりすぎていましたが、盲学校では点字を教えていたものの、点字を読める人は少なく、発行部数は800部でした。その後、点字を学ぶ人がふえるにつれ、部数ものびていきました。

点字毎日は、毎日新聞の全国紙の記事を点字にしているのではありません。目の不自由な人に関する題材を独自に取材してつくられている、たいせつな情報源です。

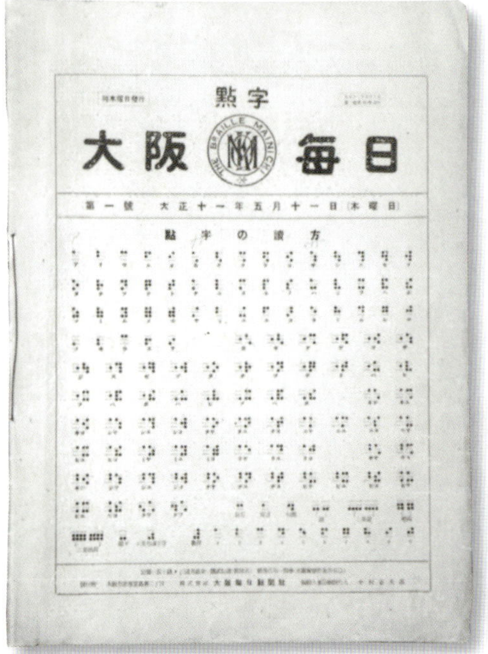
點字
大阪毎日
第一號　大正十一年五月十一日（木曜日）
點字の讀方

点字毎日の創刊号
点字を読める人の数がまだ少なく、収益の見こみがないまま、多くの反対をおしきって創刊された。

まめちしき

点字新聞創刊の立役者

「点字毎日」の創刊のさい、社内の多くから反対の声があがりました。そんななか、実現に向けて前進させたのは、当時、社長をつとめていた本山彦一（1853−1932年）でした。彦一は「これはいい案だ。ぜひやろう。損得など問題ではない」と発言。その一声で発行が決まりました。

本山彦一は、熊本県の藩士の家に生まれ、明治維新後、役人、新聞記者などをへて、生命保険会社、鉄道会社などさまざまな事業の経営にたずさわりました。その後、大阪毎日新聞の相談役をへて同社の社長に就任。点字新聞創刊のほか、ヘレン・ケラーを日本にまねくなど（→46ページ）、社会文化事業に大きく貢献しました。

本山彦一
毎日新聞を、日本を代表する全国紙として育てあげた人物ともいわれている。

「点字毎日」初代編集長

「点字毎日」の初代編集長をつとめた中村京太郎（1880－1964年）は、静岡県浜松市に生まれました。生まれつき視力が弱く、7歳のときに失明しました。14歳で東京盲唖学校に入学し、卒業と同時に同校の教員になりました。

21歳で英語学校の夜間部に入学し、卒業したあとは、台湾で教員となり、その後、文部省から委託を受け、日本初の盲人留学生としてイギリスへ留学しました。留学のための費用はロンドンで貿易商を営んでいた、好本督が援助をしました。

留学中、ヨーロッパの目の不自由な人の福祉事業を視察した京太郎は、点字毎日が創刊されるさいに編集長としてまねかれました。以来23年間、京太郎は点字毎日をもち、各地をまわって点字の普及につとめたほか、点字の教科書をつくり、目の不自由な人の普通選挙での点字投票を実現させました。

まめちしき

点字投票

1928年の総選挙までは、目の不自由な人は、係りの人に投票する人の名前を書いてもらっていました。それでは、だれに入れたかがわかってしまうだけでなく、別の名前を書かれてしまうおそれもありました。

中村京太郎をはじめ、多くの目の不自由な人や支援者が運動を開始し、その結果、1925年に点字投票が公認されました。目の不自由な人が自分で書いて投票することがみとめられたことで、点字の市民権拡大が進みました。

投票用点字盤
全国おなじものではなく、それぞれちがっていた。
（筑波大学附属視覚特別支援学校蔵）

好本督（左）と中村京太郎（右）
好本督は、生まれつき弱視ながらイギリスに留学し、イギリスの進んだ社会福祉を日本に紹介するとともに多くの目の不自由な人に援助をして教育に貢献した。中村京太郎とおなじころにイギリスに留学していた大阪毎日新聞記者、河野三通士に点字新聞の発行を提案。それがもとになって、のちに点字毎日が生まれた。

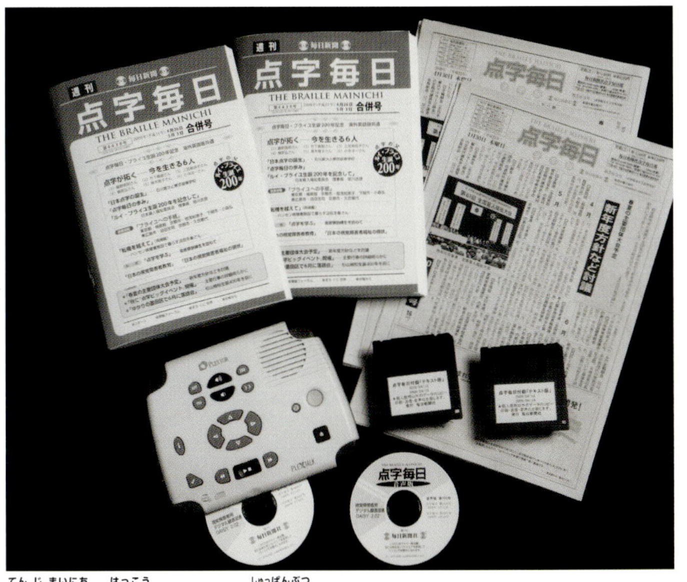

点字毎日が発行するおもな出版物など
1998年に「点字毎日活字版」が、2005年には音声版も発行されている。

提供／毎日新聞社

図書館事業に力をつくした人たち

目の不自由な人に本を読む場や機会を提供したいと、点字などで書かれた本や雑誌を集めた図書館をつくることに生涯をかけた人がいます。

日本点字図書館の創設者

日本でいちばん大きな点字図書館の日本点字図書館（旧日本盲人図書館）は、1940年、東京の豊島区雑司が谷につくられました。創設者は、本間一夫（1915－2003年）です。本間は、北海道増毛町の商家に生まれ、5歳のときに高熱がもとで失明。13歳で函館盲唖院に入学するまでは在宅ですごし、そのあいだに多くの本を読み聞かせてもらったことで、読書の楽しさを知りました。

盲唖院時代、本間は点字に出会い、人の助けをかりることなくすきな本が読めることに感銘を受けるとともに、イギリスの点字図書館の存在を知ります。読書がすきだった本間は、日本にも点字図書館をつくりたいと決意。数かずの困難をのりこえ、念願だった点字図書館を設立しました。

雑司が谷時代の図書館
本間一夫と雑司が谷時代の図書館。点字図書700冊、書棚4本からのスタートだった。よく年には淀橋区諏訪町（現在の新宿区高田馬場）に移転した。
提供／日本点字図書館

現在の日本点字図書館
点字図書館は、戦争の空襲で全焼したが、1948年に焼け跡に再建された。このとき、日本点字図書館と名前をあらためて事業を再開。現在にいたっている。

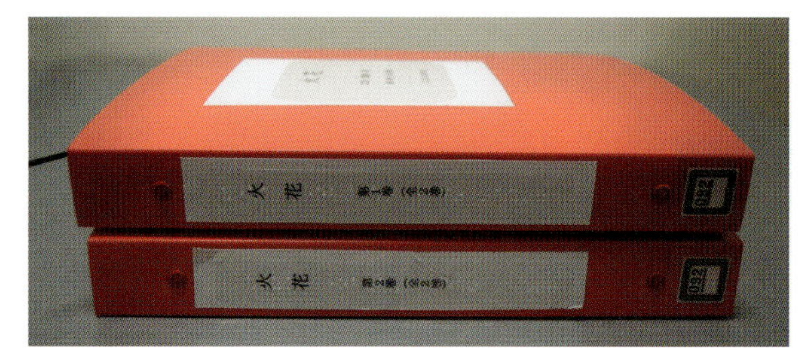

点字の本
活字の本にくらべ、点字の本はページ数が多くなる。そのためボリュームもふえ、本をおいておく場所も広さが必要になる。

点字図書館のパイオニア、岩橋武夫

本間一夫が点字図書館をつくる以前、自宅で点字出版をはじめ、点字図書の貸し出し事業をしていた人がいます。大阪に生まれ、早稲田大学在学中に失明した岩橋武夫（1898－1955年）です。武夫は、1920～1923年まで関西学院で学び、その後イギリスのエディンバラ大学に留学しました。そこで宗教哲学と盲人福祉について学び、帰国後、1935年に私財をなげうって日本ライトハウス*（当時は点字文明協会）を設立。よく年、自宅を開放して点字図書館を開きました。

日本点字図書館の創立者である本間一夫は、関西学院在学中に、専門部講師として宗教哲学を教えていた武夫に師事していて、多大な影響を受けています。

* ライトハウスとは、世界各地につくられている、目の不自由な人への支援をおこなう福祉施設。1906年、ニューヨークに第１号が創立され、以来アメリカ各地につくられるようになった。イギリス留学中にライトハウスのことを知った岩橋は、日本にも必要だと考え、自ら創設した。

岩橋武夫
目の不自由な人の、社会での自立をめざして活動した。

貸し出し図書集配のようす
集配された点字図書を受けとる読者。

提供／２点とも日本ライトハウス

まめちしき

点字図書館の仕事

一般的に、点字図書館では、点字の本や録音図書（CD）の貸し出しのほか、点字の本の数をふやすために点訳や音訳をするボランティアの養成をしているところもあります。そのほか点字の広報事業をおこなったり、日常生活に役立つ用具の販売なども手がけたりするなど、目の不自由な人にとってたいせつな場所となっています。

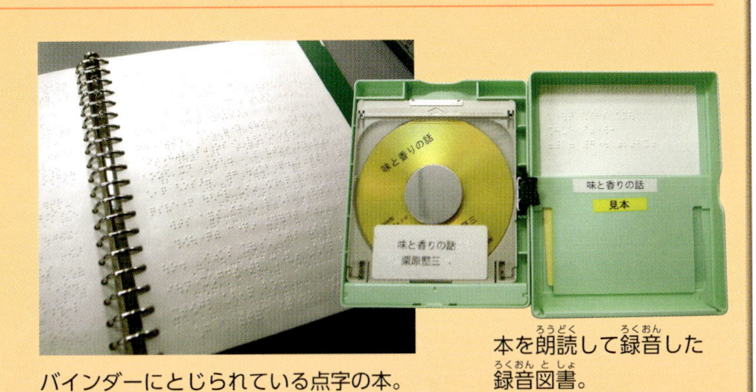

バインダーにとじられている点字の本。

本を朗読して録音した録音図書。

点字器の開発に力をそそぐ

点字を読み書きするには、点字を書くための道具が必要です。点字盤や点字タイプライター、点字プリンターなど、点字用具の開発をささえた人たちもいます。

瀧禄松の点字盤

日本ではじめて点字盤をつくったのは、日本点字をつくった石川倉次（→34ページ）です。最初の国産点字タイプライターをつくったのも倉次です。

しかし、本業として点字盤の製作にとりくんだ最初の人は、東京の小石川で金属の飾りをつくる職人をしていた瀧禄松です。禄松は、1891年ごろ、東京盲啞学校の生徒に出会い、日本には国産の点字器がなく、イギリスから輸入していること、それも手に入るまで時間がかかり、高価なことを知ります。そこで輸入品を参考に試作品をつくり、倉次といっしょに、よりよい点字盤をつくりあげていきました。

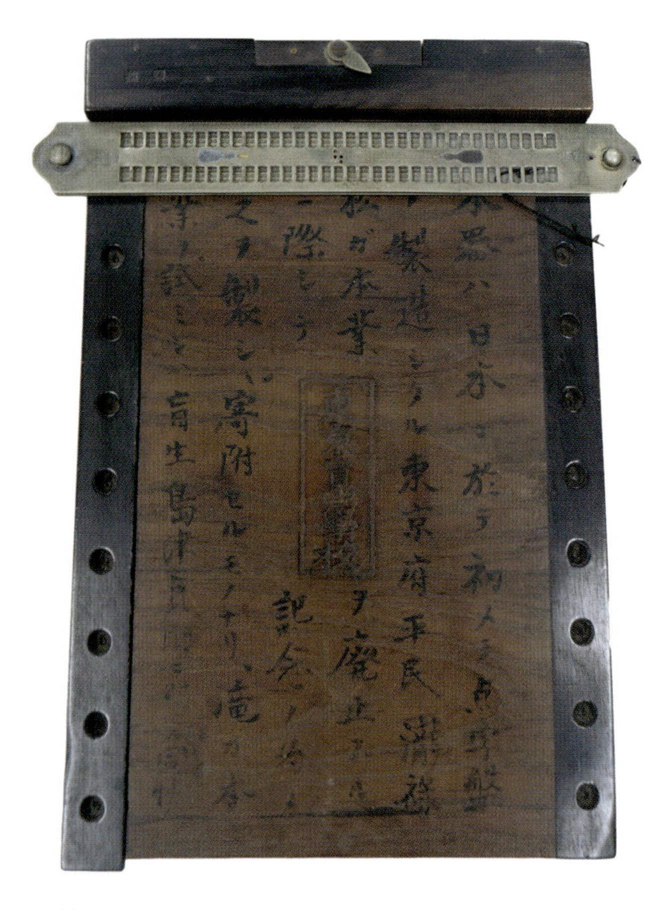

瀧禄松の点字盤
本器のうらに「日本において初めて点字盤を製作したる東京府平民瀧禄松が本業を廃止するに際し記念のため製作し寄付せるものなり」とある。　（筑波大学附属視覚特別支援学校蔵）

まめちしき

島津製作所がつくった点字器

島津製作所は京都に本社をおく、精密機器などの製造をおこなう企業です。1875年、初代島津源蔵によって設立されたこの会社に、京都の盲啞院から点字器が発注されていたという記録がのこっています。点字器の現物はのこっていませんが、1891年ということは記録されているので、東京だけでなく、京都でも点字器の製作がおこなわれていたことになります。

点字器製作所の誕生

1901年、瀧禄松のあとを受けつぎ、金属加工をしていた仲村豊次郎が本格的に点字盤の製作に取りくみました。豊次郎は、点字器製作所をたちあげ、点字器の製作販売を開始し、その後、点字器だけでなく、点字タイプライター、足踏み式製版機、ローラー印刷機の製作を仲村一族４代にわたってつづけました。現在では、コンピューターに入力したデータをつかって原版をつくる自動製版機を製作販売するなど、日本における点字文化の発展に貢献しています。

瀧禄松製点字盤
紙をおさえるところが木でできている木製の25マスの点字盤。「明治三十年頃　日本最初ノ考案成レルモノ」と、書かれている。（筑波大学附属視覚特別支援学校蔵）

点字プリンターの開発

コンピューターから点字データを受けとり、点字用紙に点字を打ち出す機器を「点字プリンター」とよびます。1950年代後半、東京教育大学（現、筑波大学）教育学部特殊教育学科において、目の不自由な人に向けてのコンピューターをつかった機器の開発が進められました。その後、1970年代に入って国産のパソコンが登場してくると、目の不自由な人でもパソコンをつかうための機器が開発されていき、1980年に国産第１号となる点字プリンター が誕生し製品化されました。

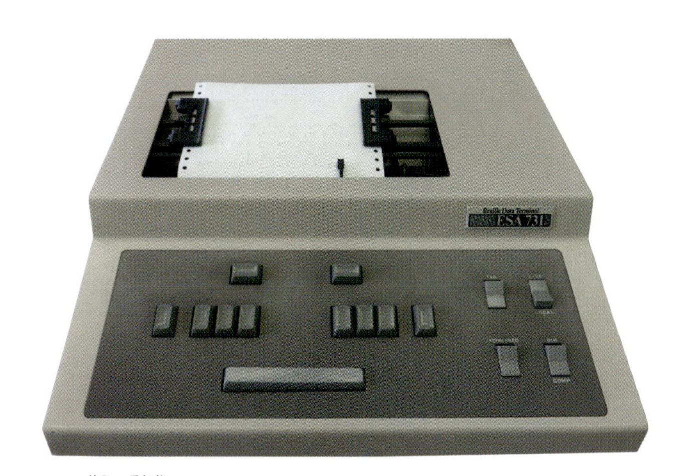

日本初の点字プリンター ESA731
プリンター機能だけでなく点字の６点キーもついていて、コンピュータに接続すれば点字記録タイプライターとしてもつかうことができた。　提供／ジェイ・ティー・アール

まめちしき

珠が上下に移動しない岸高式そろばん

目の不自由な人がつかえるように開発されたそろばんがあります。1911年、東京盲学校の先生をしていた岸高丈夫が考案した「岸高式そろばん」です。ひし形ではなく、将棋の駒のようなかたちをしている珠を手前から向こうへ、向こうから手前にたおすことによって数をあらわします。

岸高式そろばん
珠が上下に移動せず、たおれるだけのようにくふうされている。
（筑波大学附属視覚特別支援学校蔵）

もっと知りたい！

ブライユの点字とヘレン・ケラー

日本では、ブライユの点字は石川倉次が考案した方式で統一され、広まりました。しかしアメリカでは、複数の異なった方法がつかわれていてたいへん不便でした。それをひとつに統合するよう力をつくしたのが、ヘレン・ケラーです。

アメリカの点字戦争

ヘレン・ケラー（1880–1968年）は、視覚（見ること）、聴覚（聞くこと）を失い、話すこともできず、おさなくして3つの障がいをもちながらも、社会事業家となって障がい者の教育につくした人として知られています。しかし、ブライユの点字を世界共通のアルファベットに統一させた貢献者だということは、あまり知られていません。1860年代から1910年代ころまで、アメリカでは盲学校ごとにつかわれている点字の方式がことなっていたのです。

ヘレンのうったえ

1921年、ヘレンの発案でアメリカ盲人援護協会（AFB）が創設されました。ヘレンは募金集めの活動をおこなうほか、それまで複数の方式があった点字や凸文字を統一する必要があるとうったえました。

1931年に第1回世界盲人会議がニューヨークで開かれ、ヘレンはこの会議の主賓としてあいさつをのべ、ルイ・ブライユの点字を世界共通の盲人のアルファベットとすることを提案しました。この提案が採択され、これを機にアルファベットの点字が世界で統一されたのです。

日本をおとずれたときのヘレン・ケラー

ヘレン・ケラーと親交のあった日本ライトハウスの創業者・岩橋武夫（→43ページ）は、渡米したときにヘレンに「日本に来て、ぜひ盲人に力を貸してほしい」と来日を依頼。1937年を最初に、1948年、1955年の3度、実現をはたした。3度目の来日は、毎日新聞社（→40ページ）の招きによるもの。

提供／日本ライトハウス

●アメリカでつかわれていた点字および線字（うきだし文字）

点字	ヨーロッパ式点字	ブライユがつくった点字そのもの。
	ニューヨーク・ポイント	紙面節約のために、たて２点、横は１点から４点まで伸縮。日常につかう文章によく出てくる文字の点を少なくし、反対にあまり出てこない文字に点数の多い点字をあたえた。1890年代まで、もっとも広くつかわれた。
	アメリカン・ブレール	1892年にパーキンス盲学校*が発表したもの。ブライユの点字の原型をたもちつつ、日常生活にひんぱんに出てくる文字に少ない点をあてるように変更し、さらに略字も導入して紙面節約をはかった。
線字	ムーンタイプ	イギリスのムーンが1847年に考案した線文字。一部の文字には実際のアルファベットのかたちと似たものもあるが、さわってかんたんに識別できるように対照的なかたちを利用してうきだし文字がつくられている。中途失明者の文字として、今日でもつかわれているといわれる。
	ボストンライン	パーキンス盲学校の創設者サミュエル・ハウが1830年代に考案したうきだし文字。アルファベットを単純化して角張ったかたちにかえたもの。アメリカで考えられた線文字のなかでとくに普及し、1880年代まで多くの本がこのタイプで出版された。

* アメリカのボストン郊外にある視覚障がい、聴力障がい、および障がいをあわせもつ人たちの学習センター。1829年に開校された。アン・サリバンもヘレン・ケラーも卒業生。

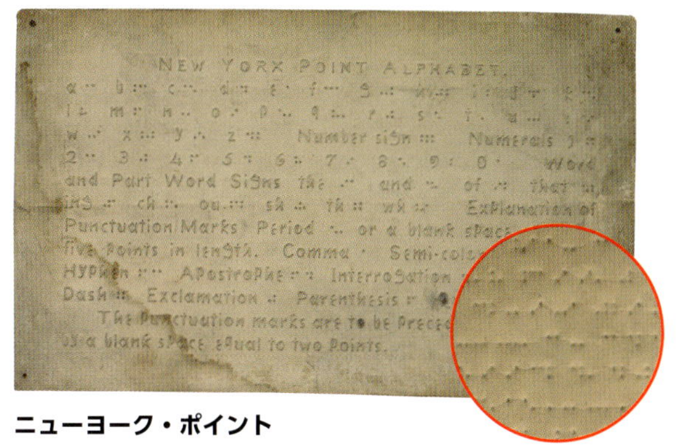

ニューヨーク・ポイント

（筑波大学附属学校教育局蔵）

ムーンタイプ

（筑波大学附属視覚特別支援学校蔵）

触読の達人、ヘレン・ケラー

ヘレン・ケラーは、アメリカ南部アラバマ州のダスカンビアで裕福な家庭に生まれました。１歳のときにかかった病気による高熱がもとで視覚と聴覚を失ったヘレンは、家庭教師のアン・サリバンと出会い、のこされた触覚をつかって、世界を知っていきます。ヘレンにとって、学問を学ぶ唯一の方法は点字を読むことでした。サリバン先生の熱心な教えを受けたヘレンは、ハーバード大学ラドクリフ・カレッジに入学します。点字本の少なかった時代に、大学で勉強するのはなみたいていの苦労ではなかったといいます。

大学を卒業し、社会に出たヘレンは、サリバン先生にささえられながら世界をめぐりました。そして、みずからの体験を話し、本を書くことで、障がいをもつ人の力となり、その発展につくしました。

もっと知りたい！

ヘレン・ケラーが尊敬する日本人

ヘレン・ケラーには、恩人として感謝する日本人がいました。江戸時代の盲目の国学者、塙保己一です。ヘレンが初来日したとき、まっさきにおとずれたのは、保己一の業績とその人物を広く世に伝える活動をおこなっている温故学会でした。

ヘレン・ケラーと塙保己一

ヘレン・ケラーは、子どものころ、母親から塙保己一さんをお手本にしなさいといわれて育ちました。塙保己一（1746–1821年）は、現在の埼玉県本庄市に生まれ、７歳のころに病がもとで失明しました。ものおぼえがよく、勉強がすきな保己一は、15歳で江戸に出て学問をおさめ、34歳のときに各地にちらばる貴重な古書を集めて本にすることを志しました。そして40年後、74歳のときに「群書類従」という全集を編集しました。

塙保己一の坐像

「暗くなると（書物が）見えないとは、目明きは不便なものよなあ」といったという塙保己一。坐像は、温故学会所蔵のもの。　提供／温故学会

温故学会をおとずれたヘレン・ケラー

塙保己一の像や愛用の机をさわったあと、ヘレン（右から２人目）は、「わたしは塙先生のことを知ったおかげで、障害を克服することができました。先生の像にふれられることができたのは、日本訪問におけるもっとも有意義なことと思います」と、感謝のことばをのべた。　提供／温故学会

耳から聞いて丸暗記！

「群書類従」は、法律、政治、経済、文学などあらゆるジャンルにわたる古書を、530巻666冊にまとめあげたものです。目が見えない保己一がこれだけの量の文献を理解するには、どれだけの努力を必要としたか、はかりしれません。点字も凸文字もない時代に、保己一はものおぼえがよいという長所をいかして、だれかに読んでもらったものを暗記して学問を進めたといいます。

群書類従の版木

江戸時代から今日までおよそ70万冊が出版されている「群書類従」。手前にあるのが版木。　提供／温故学会

版木倉庫

温故学会塙保己一資料館には、1万7244枚におよぶ「群書類従」の版木が保管されている。一般に公開もされている。

提供／温故学会

江戸時代のふたりの偉人たち

塙保己一は、点字もない時代に、日本の古典文学や雑多な史料を集めて膨大な文献集をつくりました。

保己一は、耳からだけでなく、触覚によっても多くのことを学びました。手のひらに漢字を書いて形でおぼえたほか、草花の種類を手でさわったりにおいをかいだりして区別することができたとも伝えられています。

もうひとり、江戸時代の偉人がいます。鍼医の名人、杉山和一（1610–1694年）です。和一は武士の家に生まれましたが、病気で10歳のときに失明。その後、針灸医になるための修業をして、痛みの少ない効果的な管針術を世界にしめしました。また、目の不自由な人が教育を受けるための鍼治講習所を全国45か所につくり、鍼医として自立していくための職業教育をおこないました。

杉山和一の肖像画

杉山和一は目の不自由な人では最高位の役職である検校についた。現在、東京の墨田区にある江島杉山神社にまつられている。

（筑波大学附属学校教育局蔵）

2章 さわって感じる点字

点字がつくられる前、目の不自由な人は、文字を木や紙にうきださせた凸文字（うきだし文字）をつかっていました。凸文字以前には、文字をあらわすために、いろいろなくふうが考えられました。

線をうきださせる凸文字の誕生

凸文字は、一般的につかわれている活字（線文字）の線をうきださせた文字です。世界最古の盲学校を創設したヴァランタン・アユイ（→20ページ）が、目の見えない人と、目の見える人とがおなじ文字を読み書きすることを重要視して考案し、凸文字による教科書をつくりました。日本最初の公立の盲学校とされる京都盲唖院でも、やはり凸文字の教科書がつかわれました。

凸文字の盲人用教科書

日本ではじめての盲人用教科書は、凸文字の聖書だった。

（筑波大学附属視覚特別支援学校蔵）

凸文字と点字とのちがい

凸文字は、目の見える人にとっては瞬時に認識しやすいですが、目の不自由な人がさわって読むのには時間と労力が必要でした。さらに凸文字をつかってメモをとることはたいへんむずかしいことでした。

ルイ・ブライユが、みずからの経験と知識をいかしてつくりあげた点字は、目の不自由な人にとって、あつかいやすさの点で画期的なものでした。わずか６点の組みあわせで文字や数字、記号などさまざまなことがあらわせ、しかも、指先でいちどにさわることで瞬時に読みとれるからです。

凸文字の聖書を拡大したもの。アルファベットの文字がうきでていて、ローマ字で書かれていることがわかる。

●日本の凸文字いろいろ

こより文字

厚紙の上に、のりをつけたこよりで字のかたちをつくる。

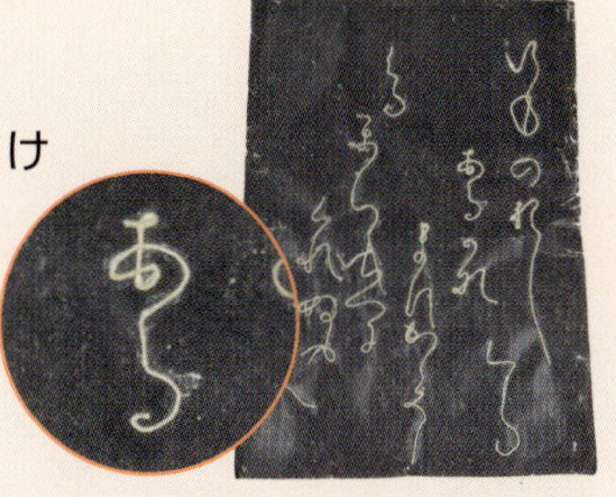

松脂文字

折り板をぬるま湯の上におき、とかした松脂で文字などを書いて、これに煎じたぬかをまいてつくる。文字だけでなく、楽譜や地図もこの方法で書いた。

ろうばん文字

ろうをなべに入れてにて、とけたらブリキ盤に流しこみ、乾燥させてから竹ベラで文字を書いてあらわす。ろうをとかせば、何度でもつくりなおすことができる。

かわら文字（陶器文字）

かわらや陶器で文字をうきでるようにしてあらわす。写真は、4×3cmのかわら片に文字をうきださせてある。

木刻漆塗文字

16.5×6.5cmの板に、片面に文字を、他の面には筆順に分解して写真のように凸文字でつくられている。

木刻凸凹文字

4～5cm四方の木版の表に凸文字、うらに凹文字をきざんだもの。

針文字

紙に穴が開かない程度に針で突き、その点の集合で普通文字を直接書きあらわす。

（筑波大学附属視覚特別支援学校蔵）

●凸文字以前の符号文字

むすび文字

木綿糸をよってつくり、むすび目の数と距離によって「いろは」をあらわす。ひもをとけば、何度でもつかえる。

通信玉

大小2種類のガラス玉をひもに通して、むすび目をさかいとして上下2段におき、文字をあらわす。

折り紙文字

四角い紙の角を折って、その折り方によって文字をあらわす。いちど折りめがつくと、ほかの文字につかえない。

むすび文字

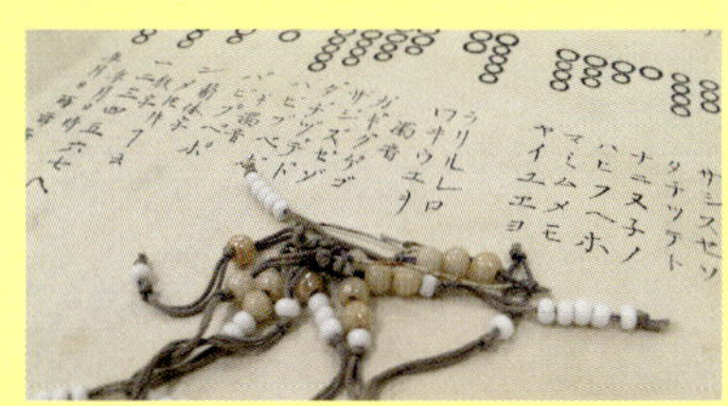

通信玉

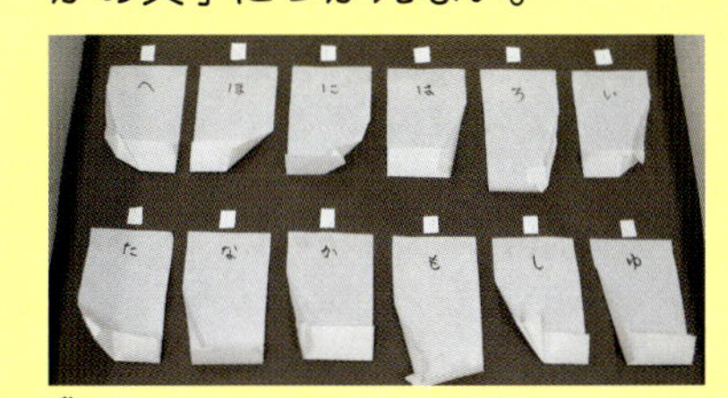

折り紙文字

（筑波大学附属視覚特別支援学校蔵）

点字を書くための道具

点字を書く道具を点字器といいます。むかしから広くつかわれているのは、点字盤です。時代が進むにつれて、点字タイプライター、パソコンと開発されてきました。

代表的な道具、点字盤

一般的に古くからつかわれている点字器は、点字盤です。フランス式とイギリス式があり、日本にはイギリス式の点字盤がフランス式より一足先に入ってきたので、フランス式は普及しませんでした。日本の点字盤は、イギリス式をまねてできたものです。

点字盤は、板と定規と点ぴつがセットになっていて、板に紙をのせ、とめ金でおさえます。あなのあいた定規に点ぴつで右から左に点を打っていきます。紙の表がわからうらがわに打っていくので、うら向きに点が出ます。つまり、読むときとは左右逆転して点を打っていかなくてはいけません（→7ページ）。点字をつかう人にとってのノートのようなものですが、1点1点、点ぴつでさぐりながら打っていくので、かなりの訓練が必要です。

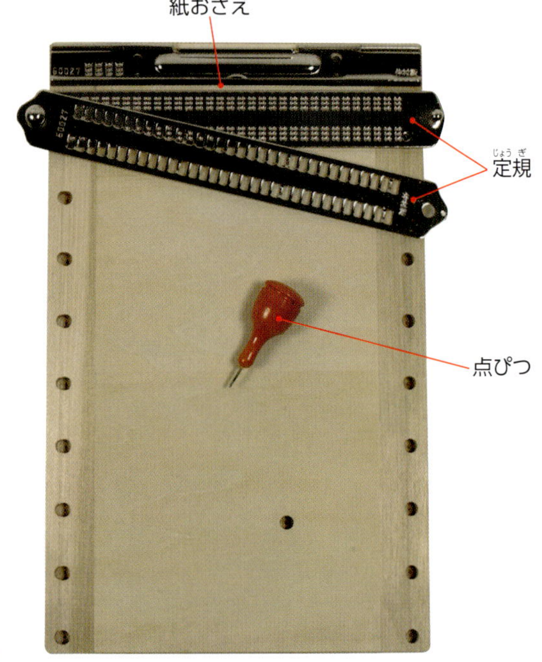

点字盤
板と定規と点ぴつが一組になっている。もちはこびができるため、むかしから多くの目の不自由な人につかわれてきた。板の上にある紙おさえで点字用紙をはさみ、定規にあいているマスに点ぴつで点を打つ。点字用紙は通常B5の大きさ。

提供／日本点字図書館

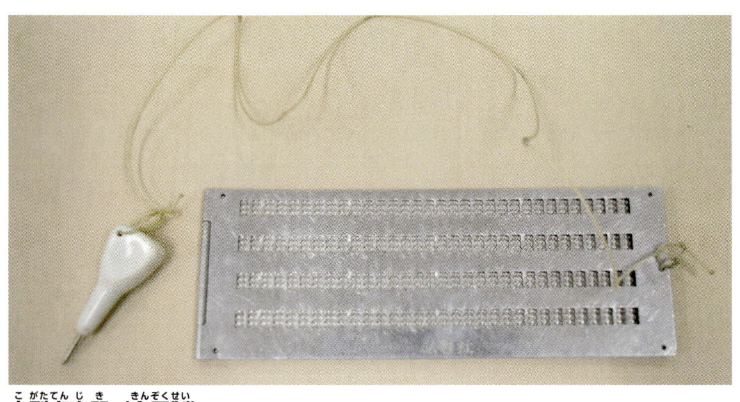

小型点字器（金属製）
アルミ製ポケットサイズの小型点字器　（筑波大学附属視覚特別支援学校蔵）

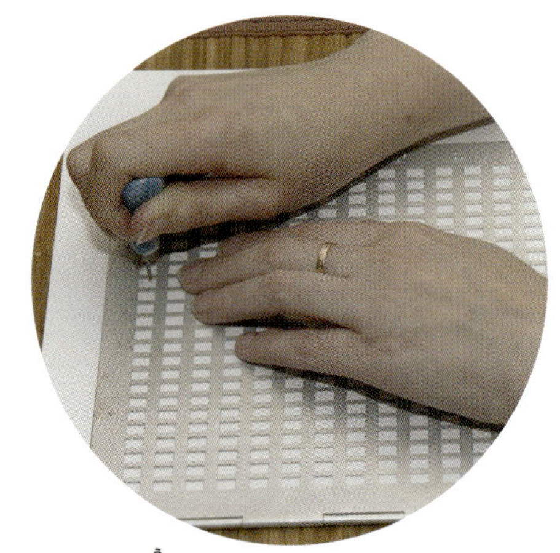

点ぴつで点字を打っているところ
ふつう点字は、点ぴつをつかって、紙のうらがわから点をおしだして、表がわにでっぱった点を読む。

点字器のうつりかわり

目の不自由な人にとって、点字器は、書くためのたいせつな道具です。ルイ・ブライユは筆記器具「ラフィグラフ」を、石川倉次は点字盤や点字タイプライターを開発しています。点字を書くための道具は、点字盤、点字タイプライター、コンピューターとうつりかわり、いまではパソコンをつかう人もふえています。

パーキンスブレイラー（点字タイプライター）
点字の凸面が表面に出てくるため、タイプしながら文章を読むことができる。6つの点の1マスをいちどに打てることで1点ずつ打つ点字盤より速く書くことができる。がんじょうでつかいやすいのも特徴。（筑波大学附属視覚特別支援学校蔵）

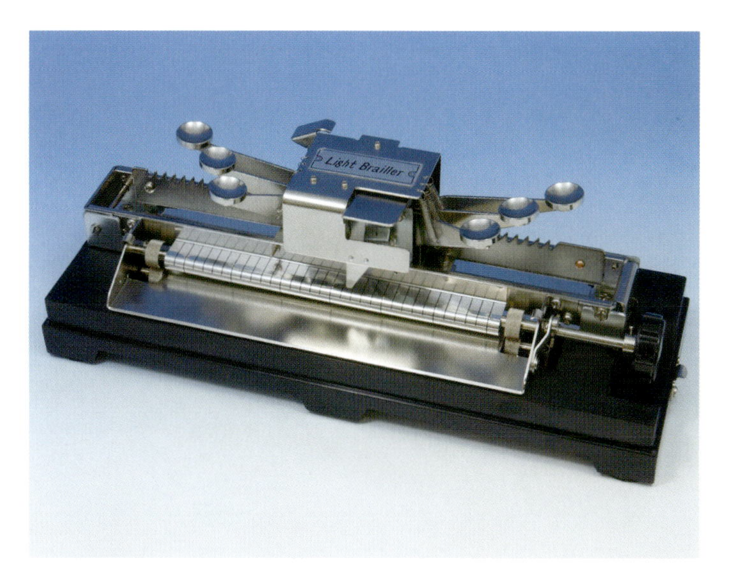

ライトブレイラー（点字タイプライター）
点字盤とおなじように紙のうらがわに点が打ちだされる。点字を打っていくにしたがって本体がカニの横歩きのように動いていくから、カニタイプともよばれている。
提供／日本点字図書館

点字電子メモ（コンピューター）
点字を入力するキーボード、点字ディスプレイ（ピンをもちあげて点字をあらわす装置）、データを記憶・編集するパソコンの機能がひとつにまとめられたもの。16マスの小型点字ディスプレイなので、もちはこびに便利。　提供／ケージーエス

まめちしき

点字スマートフォン、点字タブレット登場！？

目の不自由な人がつかいやすいようにすべてさわって操作ができるような、点字スマートフォンや点字タブレットが登場するかもしれません。

点字スマートフォンは、点字つきキーパッドや凹凸のあるボタンなどくふうされていて、受信したメールは点字ディスプレイで読みます。

点字タブレットは、画面に表示される点字が上下に動いて、それを指でさわって読めるようになるそうです。書くこともできるので、かんたんに情報を受けとり、発信することもできるようになるかもしれません。どちらもまだ開発段階で、商品化はまだ先のことですが、期待が高まります。

点字の本、さわって読む絵本

目の不自由な子どもたちのために、点字で書かれた本や教科書があります。また、手でさわって読んで楽しむ学習絵本もあります。

点字の教科書は、ぶあつい本のよう

下の写真は、小学校６年生の国語の教科書です。点字にすると、活字の教科書の５、６冊分にもなります。また、小説の点訳本も、活字の本にくらべてずいぶんあつくなります。

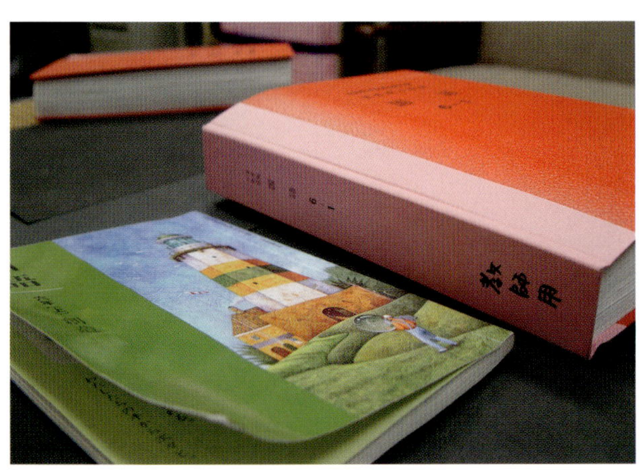

点字の教科書と活字の教科書
活字の教科書のあつさとくらべると、点字の教科書はその5、6倍になるのがわかる。

小説の点訳本
バインダーにとじられるページには、かぎりがある。ほとんどの小説が複数巻になる。

さわって読む学習絵本雑誌

テルミは、点字だけでなく、絵もうきだしているので、さわって読むことができる絵本雑誌です。めいろやクイズ、スポーツや乗り物などの記事、自然や料理などのページもあります。点字と活字がいっしょに記されていて、目の不自由な人もそうでない人も楽しめるようになっています。

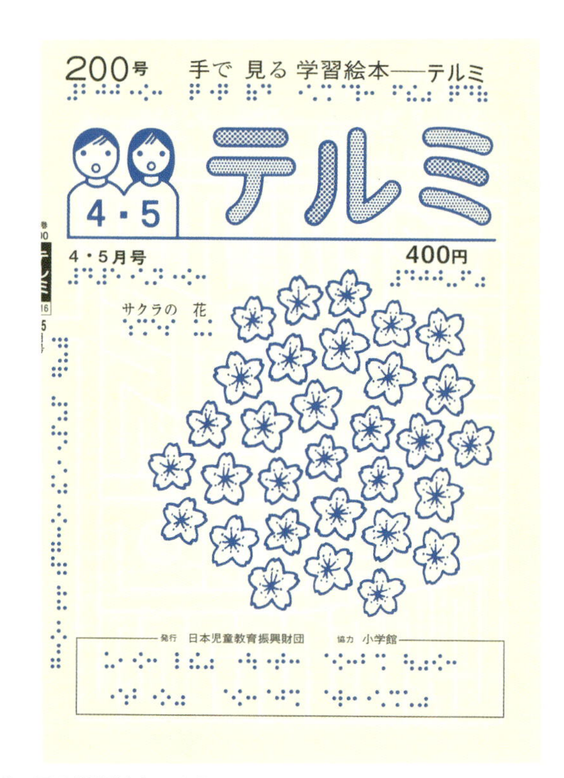

手で見る学習絵本テルミ
発泡インクという特別なインクをつかい、点字も絵ももりあがっている。1983年に財団法人日本児童教育振興財団が発行。創刊から通信販売のみでとどけられている。大手出版社の小学館が編集協力で支援している。2か月に1回発行。

提供：日本児童教育振興財団

いろいろな点字つき絵本

点字つき絵本は、本屋さんで売っている絵本にとうめいなシートをつけ、そこに点字をつけたものです。絵はさわってもわかるように、特別(とくべつ)なインクをつかってもりあげられて印刷(いんさつ)されています。

『てんじつき　さわるえほん　ぐりとぐら』
人気のロングセラー『ぐりとぐら』の点字つき絵本。つるつるやざらざらなど絵のちがいをさわって楽しめる。(作 / 中川季枝子(なかがわりえこ)・絵　山脇(やまわき)（大村(おおむら)）百合子(ゆりこ)　福音館書店(ふくいんかんしょてん))

『こぐまちゃんとどうぶつえん』『しろくまちゃんのほっとけーき』
絵の部分はもりあがった印刷(いんさつ)と説明文(せつめいぶん)で、文章は点字になっている絵本。ロングセラーで人気のシリーズ。(作 / わかやまけん 、もりひさし、わだよしおみ　こぐま社)

『よーいどん！』
指でめいろをたどる絵本。目の不自由(ふじゆう)な人もそうでない人もいっしょに楽しめる本をつくりたいという、作者である赤塚不二夫(あかつかふじお)の長年の思いからつくられた。(作 / 赤塚不二夫　小学館(しょうがくかん))

『さわってごらん　だれのかお？』
動物のかたちから名前を当てるクイズ形式で、ひらがなをおぼえられる。(作・絵 / 中塚裕美子(なかつかゆみこ)　岩崎書店(いわさきしょてん))

まめちしき

全盲(ぜんもう)のお母さんの思い

点字つきの絵本は、「目が見えなくても自分の子どもに絵本を読み聞かせたい」と願(ねが)った、目が不自由(ふじゆう)な岩田美津子(いわたみつこ)さんの思いから生まれました。岩田さんは、自分とおなじように感じている親御(おやご)さんも多いと、ボランティアの手を借りて、つぎつぎに点字つき絵本をつくり、全国に貸(か)しだしました。その後、「点字つき絵本の出版(しゅっぱん)と普及(ふきゅう)を考える会」を発足(ほっそく)させ、目の不自由な子どももそうでない子どもも楽しむことができるようなさわる絵本づくりをめざして活動しています。

『あきらめないでまた明日も 岩田美津子(いわたみつこ) 点字つき絵本にかける夢』(著／越水利江子　岩崎書店(いわさきしょてん))

身近に見られる点字

家のなかにも、点字がついている製品がいろいろあります。目の不自由な人も、そうでない人も、多くの人がともに利用できるようにと考えられています。

電化製品についている点字

毎日のようにつかう電化製品のスイッチ部分に点字がついていると、おしまちがえないでつかうことができます。

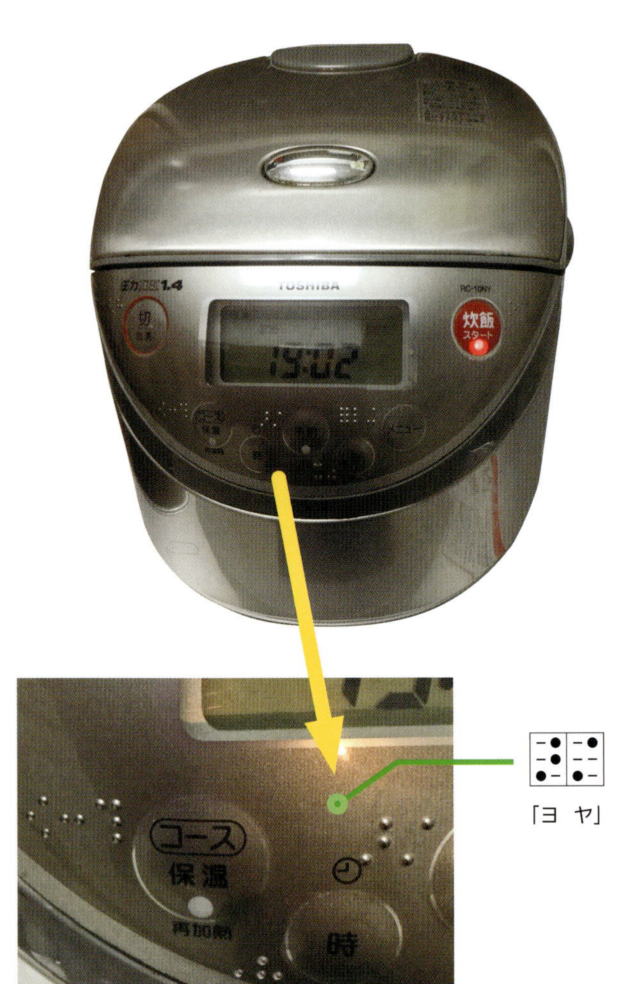

炊飯器

「予約」など点字であらわすと文字が長くなる場合は、省略して「よや」と書かれているものもある。

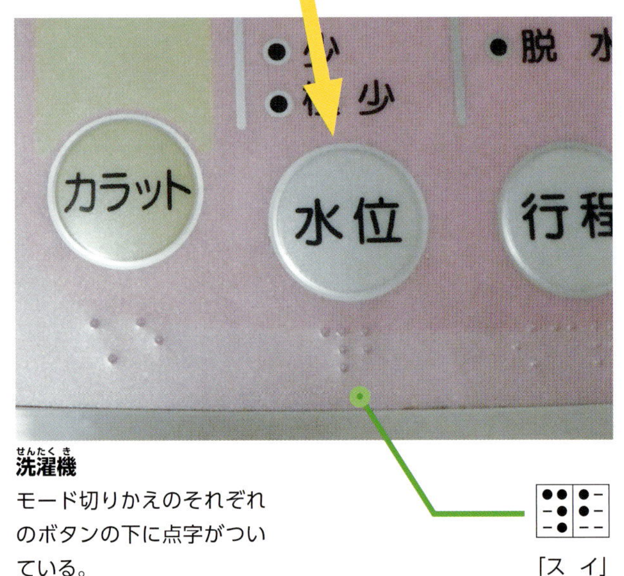

洗濯機

モード切りかえのそれぞれのボタンの下に点字がついている。

食品などについている点字

ジュースとお酒、しょうゆとソースなど、うっかりまちがえないように、点字で表示することで区別(くべつ)している食品もあります。

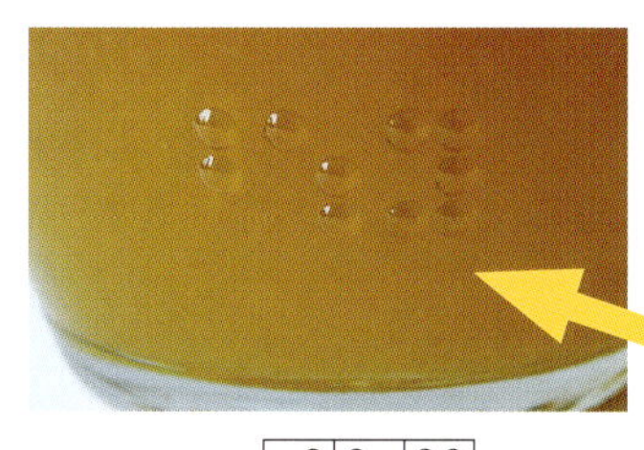

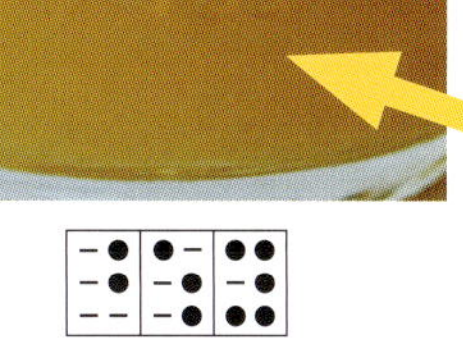

「ジャ　ム」

ジャムのびん

「オ　サ　ケ」

かんビール

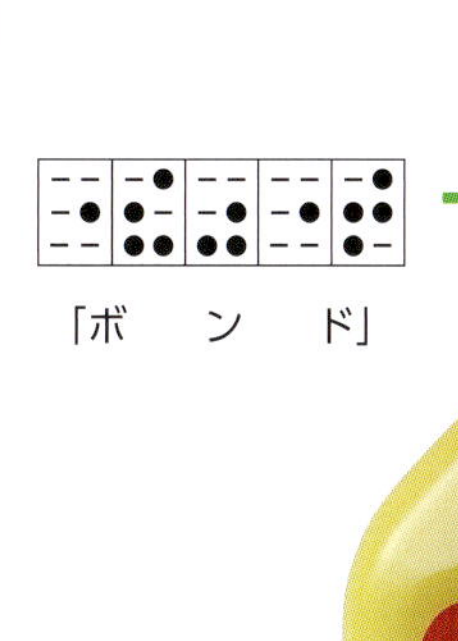

「ボ　ン　ド」

ボンド

ケチャップソース

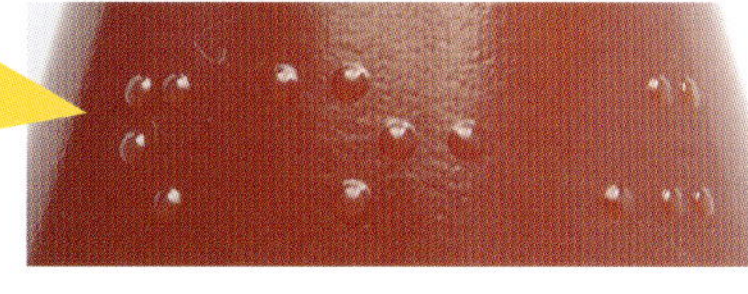

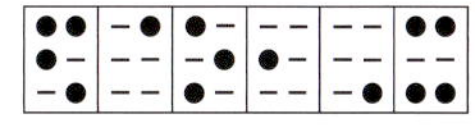

「ケ　チャ　ッ　プ」

まめちしき

点図ってなんだろう？

四角や丸などを、点字の点をつかってつくった図のことを点図といいます。点をならべて線にしたり、1か所に点を集めて打ち、面にして図をつくります。手でさわって、なにが書かれているかを知るのには練習が必要(ひつよう)です。

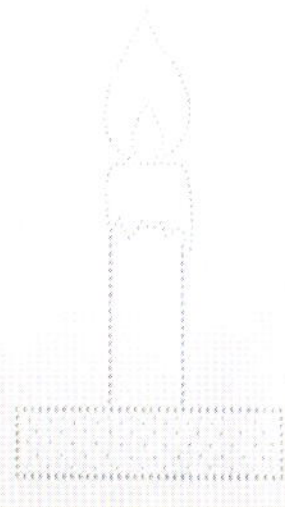

点図の絵
点をつかって、王様の顔やろうそくが書かれている。

もっと知りたい！

さわって楽しむ美術館・博物館

日本全国には、作品にさわって楽しむことができる美術館や博物館があります。目が不自由な人も、そうでない人もいっしょに楽しめます。

■ギャラリーTOM

ギャラリーTOMは、目の不自由な人が手で見るギャラリーとして1984年に開設された。開設したのは、児童劇作家の村山亜土・治江のご夫妻。目が不自由だったひとり息子が、「ぼくたち盲人にもロダンを見るけんりがある」といったことばにつきうごかされ、このギャラリーをたてた。彫刻など立体作品を中心に展示し、さわって鑑賞できる美術館として、さきがけ的存在だった。

●東京都渋谷区松涛2-11-1　問合せ：03-3467-8102

ギャラリー入口にある銅板には、開設のきっかけとなったメッセージが凸文字で書かれている。2016年7月現在改装中。

■静岡県立美術館ロダン館

静岡県立美術館ロダン館は、19世紀を代表するフランスの彫刻家オーギュスト・ロダンの作品とロダン以前・以後の彫刻が展示されている。事前に予約が必要だが、目の不自由な人がさわって鑑賞できるツアーがある。

●静岡県静岡市駿河区谷田53-2　問合せ：054-263-5857

ロダンの作品を中心に展示しているロダン館。代表作「考える人」（写真手前の作品）など32点のロダン作品がおさめられている。

■手と目でみる教材ライブラリー

手と目でみる教材ライブラリーは、イタリアでつくられた、手で見る絵画が展示されているライブラリー。うきぼりになった世界の有名な絵画を手でさわって見ることができる。

●東京都新宿区西早稲田3-14-2　問合せ：oouchi.nise@gmail.com（完全予約制）

展示室には、手で見る絵画のほか、地図や彫刻など、さまざまな展示物がならんでいる。

■国立民族学博物館

大阪の万博公園のなかにある国立民族学博物館は、世界のひとのくらしや文化にかかわるものを展示している博物館。生活雑貨や乗り物など、世界のいろいろな展示物にさわることで理解を深める。

●大阪府吹田市千里万博公園10-1　問合せ：06-6876-2151

「世界をさわる」コーナー。展示物の案内板には、日本語、英語にくわえて点字での説明もある。

■神奈川県立生命の星・地球博物館

神奈川県立生命の星・地球博物館では、46億年の地球の歴史と生命の時間をたどることができる。ボランティアによる解説のほか、動物のはく製や隕石などにさわることができ、点字の表示もある。

●神奈川県小田原市入生田499　問合せ：0465-21-1515

「マンドラビラ隕石」とよばれる鉄隕石。さわってみると、表面のぼこぼこや、あなのなかのがさがさした感触などが楽しめる。

■ミュージアムパーク茨城県自然博物館

ミュージアムパーク茨城県自然博物館は、宇宙の進化、地球の生いたち、自然と生命の不思議な営みなど自然に関する博物館。点字での説明もあり、隕石や40億年前の岩石、タヌキ、キツネ、モグラ、イタチなどのはく製にさわることができる。

●茨城県坂東市大崎700　問合せ：0297-38-2000

体長9.1m、高さ5.3mという世界最大級のマンモスの骨格。

■桜井記念　視覚障がい者のための手でみる博物館

岩手県立盲学校（現・盛岡視覚支援学校）の教師をしていた桜井政太郎さんが開設した、手でさわって見るための博物館。宇宙・生命・文化の３つの柱にテーマがわかれていて、動物の骨や星の模型などにさわることで、世界を広げていく。

●岩手県盛岡市東中野字五輪7-1　問合せ：019-624-1133

ゆっくりじっくりさわって楽しむために、１グループずつの完全予約制。博物館を利用できるのは、視覚障がい者とその家族ならびに関係者のみに限定。

ルイ・ブライユの年表

西暦	ルイ・ブライユに関すること	フランスに関すること
1809	フランス、クーブレという小さな村で生まれる。	フランス革命勃発。(1789年)
1812	事故で片目を傷つけ、失明。もう一方の目も感染症で見えなくなる。	
1815	ジャック・パリュイ、クーブレの神父になり、ルイを教えはじめる。	第1帝政はじまる。ナポレオン・ボナパルトが皇帝としてフランスを支配する。(1804年)
1816	教師のアントワン・ベシュレ、学校にルイを受けいれる。	
1819	パリの王立盲学校に入学。	ナポレオン、ロシア遠征をするが失敗。(1812年)
1821	パリの王立盲学校にシャルル・バルビエがおとずれる。	
1824	バルビエの12点点字を改良して、アルファベットを6点点字であらわす方法をつくる。	ナポレオン、エルバ島に流される。ルイ18世のブルボン王朝復活。(1814年)
1828	盲学校の助教員になる。楽譜を書く方法をくふうしはじめる。	
1829	「点を使ってことば、楽譜、かんたんな歌を書く方法——盲人のためにつくられた盲人が使う本」を出版。ブライユの点字が正式に誕生する。	ナポレオン、パリにもどり、帝政を復活させるが、ワーテルローの戦いで敗れ、セントヘレナ島に流される。(1815年)
1831	父、シモン・ルネが亡くなる。	
1834	学校の理事会、ルイの点字を生徒がつかうことを禁止する。 パリの工業博覧会で、6点点字を公開する。	オルレアン朝フランス王国成立。(1830〜1848年)
1835	肺結核の兆候をしめす。	
1837	盲学校の教師と生徒が、ルイの点字をつかった本をはじめてつくる。	
1839	目の見える助手とともに点字を印刷する機械の開発にとりかかる。	
1840	副校長のアルマン・デフォーと教師がピニエ校長を引退させる。デフォーが校長となる。	
1841	フランソワ・ピエール・フーコー、ラフィノグラフィを印刷する機械を発明する。	
1843	ルイの健康がおとろえ、クーブレ村で療養をはじめる。その間に、デフォー校長が、点字の使用を禁止する。	二月革命、第2共和制発足。(1848年)
1844	新校舎の落成式で、生徒がブライユ点字で読み書きを実演。喝采をあびる。以後、点字の使用禁止がとかれる。	
1852	盲学校の寄宿舎で死去。クーブレに埋葬される。	ナポレオン3世による第2帝政はじまる。(1852年)
1854	フランス政府は、ブライユ点字を視覚障がい者の文字として、公式にみとめる。	第1回パリ万国博覧会開催。(1855年)

石川倉次の年表

西暦	石川倉次に関すること	日本に関すること
1859	遠江国浜松名残組屋敷に生まれる。	アメリカの使節ペリーが来航し、浦賀で開国を要求する。(1853年)
1869	藩主の国替えにともない、家族で上総国鶴舞藩にうつりすむ。	
1875	千葉師範学校教員検定試験に合格、一等授業主任に任命される。4月より水沼小学校で読書・算術・習字を教える。	ペリーがふたたび来航し、日米和親条約をむすぶ。(1854年)
1884	東京虎ノ門で開かれた、かなの会で、小西信八と出会う。	大政奉還。(1867年) 江戸城開城。(1868年)
1886	信八のまねきで、訓盲啞院に赴任する。	都を東京にうつす。(1869年)
1887	訓盲啞院は東京盲啞学校と改称。東京教育博物館長・手島精一からイギリス製の点字盤を借りて、信八はブライユ点字が視覚障がい者の文字としてすぐれていることを確認する。倉次は信八から、ブライユ点字を日本語のかなに組みかえることをたのまれる。	廃藩置県。(1871年) 西郷隆盛が西南戦争を起こす。(1877年)
1888	倉次、3点4方を基調とする8点点字を発表。	
1889	東京盲啞学校教官・遠山邦太郎がブライユの6点点字で50音をあらわすことにほぼ成功する。それをヒントにさらに研究をかさね、日本点字をつくる。	
1890	11月1日、東京盲啞学校で開かれた第4回点字選定会において、石川倉次の点字案が日本点字として採択される。	
1894	前年に輸入した点字製版機をつかって、日本で最初の点字出版物「明治天皇銀婚式奉祝歌集」を発行。	日清戦争が起こる。(1894年)
1898	拗音点字を発表。日本点字の完成。	
1899	倉次、東京高等師範学校教諭兼訓導に任ぜられる。東京盲啞学校でも国語の授業を受けもつ。	
1900	パリで開催された万国博覧会から、石川倉次の点字に対して金杯がおくられる。	
1901	盲啞分離がおこなわれ、東京盲学校が雑司が谷に新築される。倉次は東京聾啞学校教諭としてのこる。「日本訓盲点字」として、倉次翻案が官報に掲載される。	
1925	小西信八校長とともに東京聾啞学校教諭を退職。	関東大震災。(1923年) 第二次世界大戦はじまる。(1939年)
1940	点字制定50周年記念式がおこなわれ、東京盲学校に来校。職員、生徒から謝恩のことばを受ける。	太平洋戦争が起こる。(1941～1945年)
1944	疎開先の群馬県安中町で亡くなる。	

さくいん

■さくいんは解説ページと情報ページから用語および人物名をのせています。

あ行

か行

さ行

た行

な行

は行

ま行

や行

ら行

■監修／高橋昌巳
1930年、東京生まれ。社会福祉法人桜雲会理事長。1957年に日本獣医畜産大学卒業後、聖マリアンナ医科大学助教授、筑波技術短期大学教授などを歴任。同時に桜雲会理事長をつとめ、点字図書の普及につとめる。

■協力／社会福祉法人桜雲会
1892年、東京盲唖学校（現在の筑波大学附属視覚特別支援学校）の盲学生の同窓会として発足。1930年に最初の鍼按科教科書7タイトル16巻を出版。以後、医学専門書を中心に点字図書や録音図書、拡大図書の製作・販売をおこなっている。
http://homepage2.nifty.com/ounkai/

■文／高梁まい　絵／タカハシコウコ
『手で見る学習絵本テルミ』など、視覚に障がいをもつ子どもを対象にした絵本の企画・編集・制作をしている。

■編集／こどもくらぶ
「こどもくらぶ」は、あそび・教育・福祉の分野で、子どもに関する書籍を企画・編集しているエヌ・アンド・エス企画編集室の愛称。図書館用書籍として、毎年5～10シリーズを企画・編集・DTP制作している。これまでの作品は1000 タイトルを超す。
http://www.imajinsha.co.jp/

■デザイン・DTP
矢野瑛子（エヌ・アンド・エス企画）
UNISON

■ロゴマーク作成／石倉ヒロユキ

■制作
株式会社エヌ・アンド・エス企画

この本の情報は、2016 年5月までに調べたものです。今後変更になる可能性がありますので、ご了承ください。

■撮影協力
筑波大学附属視覚特別支援学校資料室
日本点字図書館／くにたち市中央図書館

■写真協力
© Africa Studio,
© barsukov - Fotolia.com
© りょっち／PIXTA
※このほかは写真のそばに個別掲載しています。

■参考資料
『図説　盲教育史事典』 鈴木力二／編著（日本図書センター）
『ルイ・ブライユの生涯　天才の手法』 C・マイケル・メラー／著　金子昭、田中美織、水野由紀子／共訳（日本点字委員会）
『石川倉次物語ー日本点字の創始者ー』 永嶋まつ子／著（文明舎）
『日本点字への道　少年少女のための石川倉次物語』 山口芳夫・さえ／共著（社会福祉法人愛光）
『点字の履歴書　点字に関する12章』 阿佐博／著（社会福祉法人　視覚障害者支援総合センター）
『伝記　世界を変えた人びと8　ブライユ』 ビバリー・バーチ／著　乾侑美子／訳（偕成社）
『さわっておどろく！点字・点図がひらく世界』 広瀬浩二郎、嶺重慎／共著（岩波ジュニア新書）

調べる学習百科 ルイ・ブライユと点字をつくった人びと　NDC378
2016年　7月31日　第1刷発行
2020年　10月15日　第5刷発行
監修　高橋昌巳
編　こどもくらぶ
発行者　岩崎弘明
発行所　株式会社 岩崎書店　〒112-0005　東京都文京区水道 1-9-2
電話　03-3813-5526（編集）　03-3812-9131（営業）
振替　00170-5-96822
印刷・製本　大日本印刷株式会社

64p 29×22cm
Published by IWASAKI Publishing Co., Ltd. Printed in Japan.
ISBN978-4-265-08437-1
岩崎書店ホームページ　http://www.iwasakishoten.co.jp
ご意見、ご感想をお寄せ下さい。E-mail info@iwasakishoten.co.jp
落丁本、乱丁本は小社負担でおとりかえいたします。

だく音

が	ぎ	ぐ	げ	ご
ざ	じ	ず	ぜ	ぞ
だ	ぢ	づ	で	ど
ば	び	ぶ	べ	ぼ

よう音

きゃ	きゅ	きょ
しゃ	しゅ	しょ
ちゃ	ちゅ	ちょ
にゃ	にゅ	にょ
ひゃ	ひゅ	ひょ
みゃ	みゅ	みょ
りゃ	りゅ	りょ

半だく音

ぱ	ぴ	ぷ	ぺ	ぽ

長音符・促音符

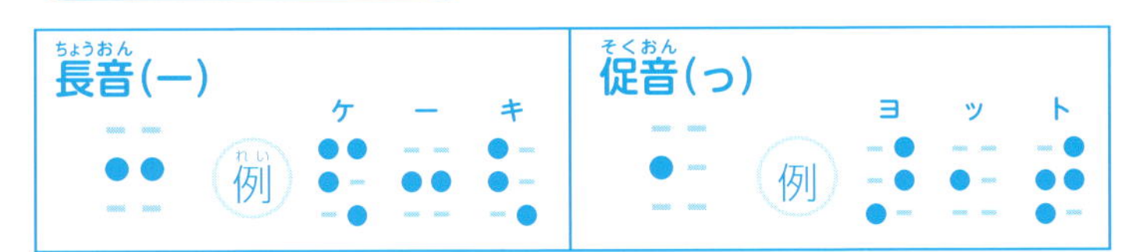

数字

数符といって、次の点字が数字だということをあらわす。

1	2	3	4	5
6	7	8	9	0